深厚软土地基泡沫轻质土路基应用技术

刘军勇 张留俊 主 编

尹利华 杜秦文 裘友强 赵丽娟 副主编

人民交通出版社

北京

内 容 提 要

本书以横向课题"深厚软土地基泡沫轻质土路基应用关键技术研究"的研究成果为基础,以广佛江快速通道江门段工程建设为依托,主要阐述了泡沫轻质土用作深厚软土地区公路路基填料时的工程特性和相关应用技术。全书共分为6章,内容包括绪论、泡沫轻质土物理力学特性及结构耐久性评价、软土地基泡沫轻质土路基路面协同变形性状、泡沫轻质土路堤扶壁式挡土墙模型试验、深厚软土地基泡沫轻质土路基超载预压控制标准以及厚垫层泡沫轻质土路基设计与施工技术。本书为科学指导我国深厚软土地区公路泡沫轻质土路基设计施工应用提供了技术依据,对于修订和完善相关规范具有重大理论价值和实践意义。

本书可作为公路工程及相关专业的科研、设计、施工与建设管理技术人员的参考书,亦可供高等院校相关专业师生学习参考。

图书在版编目(CIP)数据

深厚软土地基泡沫轻质土路基应用技术 / 刘军勇,张留俊主编. — 北京:人民交通出版社股份有限公司,2024.6
ISBN 978-7-114-19459-7

Ⅰ.①深… Ⅱ.①刘…②张… Ⅲ.①泡沫—轻质材料—应用—高速公路—软土地基—研究 Ⅳ.①U416.1

中国国家版本馆 CIP 数据核字(2024)第 066324 号

Shen-Hou Ruantu Diji Paomo Qingzhitu Luji Yingyong Jishu

书　　名:	深厚软土地基泡沫轻质土路基应用技术
著　作　者:	刘军勇　张留俊
责任编辑:	潘艳霞
责任校对:	赵媛媛　魏佳宁
责任印制:	刘高彤
出版发行:	人民交通出版社
地　　址:	(100011)北京市朝阳区安定门外外馆斜街3号
网　　址:	http://www.ccpcl.com.cn
销售电话:	(010)59757973
总 经 销:	人民交通出版社发行部
经　　销:	各地新华书店
印　　刷:	北京市密东印刷有限公司
开　　本:	787×1092　1/16
印　　张:	13
字　　数:	243千
版　　次:	2024年6月　第1版
印　　次:	2024年6月　第1次印刷
书　　号:	ISBN 978-7-114-19459-7
定　　价:	90.00元

(有印刷、装订质量问题的图书,由本社负责调换)

作者简介
AUTHOR INTRODUCTION

刘军勇,男,1979年11月出生,中共党员,博士,正高级工程师,陕西省中青年科技创新领军人才,陕西省工人发明家,中国交通建设集团有限公司智库一级专家,一级建造师(公路)、注册咨询工程师(投资)、注册安全工程师、检测工程师,现就职于中交第一公路勘察设计研究院有限公司,任道路工程与防灾减灾技术研发中心主任,同济大学企业导师、长安大学校外博导、西北农林科技大学校外研究生指导教师。长期从事道路工程防灾减灾科研、设计与咨询工作,具有深厚的理论基础和丰富的实践经验,先后获得陕西省科学技术奖3项、中国公路学会科学技术奖6项、中国交建科学技术进步奖3项等;出版专著《强盐渍土地区公路路基修筑关键技术》、发表期刊论文50余篇(8篇EI,1篇SCI);授权第一完成人专利11项,其中发明专利6项;参编《公路路基设计手册》、交通运输行业标准《黄土地区公路路基设计与施工技术规范》(JTG/T D31-05—2017)和《盐渍土地区公路路基设计与施工技术细则》(JTG/T 3331-08—2022)、中国国际科技促进会标准《高大边坡稳定安全智能监测预警技术规范》(T/CI 178—2023)、中国工程建设标准化协会标准《公路深路堑高路堤及特殊路基监测技术规程》(T/CECS G:J22-01—2023)等。

前 言
PREFACE

我国东南部沿海地区水网发达，土层多为淤泥、淤泥质黏土等，其成因、结构和形态往往差异较大，但都具有含水率高、压缩性大、强度低等特点，软土地基若不经过处理或处理不当，将直接影响工程结构的稳定性和耐久性，引起工程质量的降低甚至工程结构的破坏。多年来，对于此类问题的防治虽有多种技术措施，但均有一定的适用性与局限性。传统的软土地基处理方法偏重提高地基强度，忽视了减轻填土荷载的作用，使得地基处理费用居高不下，且地基处理的效果不尽如人意，特别是深厚软土地基高填路基的沉降和稳定问题长期得不到解决，影响道路正常使用，增加了工程养护维修成本。此外，软土地基处理均要求一定时间的地基强度恢复期，限制了路基快速施工。如何通过科学合理、经济可靠、高效快速的方法减少地基沉降量，提高地基和路基的整体稳定性，是深厚软土地基处理中不可回避的技术难题。

泡沫轻质土作为一种新型填筑材料，具有密度小、直立性好、流动性好、耐久性好、施工便捷等多种特性，其浇筑的路基属于整体性结构，地基沉降通过该种路基结构向上传递到路面结构之后，横向沉降的差异势必减小，加之轻质土路基作用下地基荷载大大减小，所以轻质土路基既能减小地基沉降，又能提高路基和构造物的稳定性，能较好地解决深厚软土地基高填路基存在的沉降过大、稳定不足等问题。但国内外关于泡沫轻质土在深厚软土地基高填路基处理方面的应用经验和研究工作却很少，现有技术储备与工程经验不足，面临新的技术屏障和挑战。

针对这种现状，作者依托广佛江快速通道江门段工程建设，结合工程所处的软土性质差、软土地基厚度大、路基填土高的场地条件，提出采用减轻路基荷载的现浇泡沫轻质土换填设计新理念与应用技术，以适应这些场地条件的各项关键技术为研究切入点，对深厚软土地基泡沫轻质土路基应用关键技术进行系统研究,研究内容包括泡沫轻质土工程特性、路基路面协同变形性状、泡沫轻质土填筑扶壁式挡土墙的受力及变形特征、超载预压控制标准、厚垫层泡沫轻质土路基设计与施工技术等。研究成果已在广佛江快速通道江门段一标段软土地基处理中得到了成功应用,顺利完成了深厚软土地基厚垫层现浇泡沫轻质土路基施工,有效地解决了施工技术难题。本书即在研究成果的基础上编写而成。

本书受横向课题"深厚软土地基泡沫轻质土路基应用关键技术研究"和陕西省科学技术协会青年人才托举计划资助项目(项目编号:CLGC202206)资金资助。全书共分为6章,各章的编写者如下:第1章由刘军勇、张留俊编写;第2章由裘友强、张留俊编写;第3章由杜秦文、尹利华编写;第4章由杜秦文、裘友强编写;第5章由尹利华、赵丽娟编写;第6章由张留俊、刘军勇编写。

全书由刘军勇负责统稿,张留俊负责审定,各章节均由作者相互审阅并提出修改意见。本书在编写过程中,得到了依托工程建设管理、设计、科研等单位与专家的大力支持与帮助,在此表示衷心的感谢。此外,在具体研究过程中,课题组成员李永良、张发如、张梅玲、路通、黎鸣、张相凯、刘耀富、贺宏波、苏卫卫、程小强等做了大量的工作,在此向他们的辛勤工作表示诚挚的谢意。

由于编者水平有限,书中难免存在疏漏或不妥之处,敬请有关专家和学者批评指正。

编 者
2024年1月于西安

目 录
CONTENTS

第 1 章　绪论

1.1　泡沫轻质土的基本概念及特点 …………………………………… 002
1.2　依托工程概况 ……………………………………………………… 003
1.3　国内外相关研究现状 ……………………………………………… 005
1.4　本书主要内容 ……………………………………………………… 010

第 2 章　泡沫轻质土物理力学特性及结构耐久性评价

2.1　泡沫轻质土的制备技术 …………………………………………… 014
2.2　泡沫轻质土的物理力学性能 ……………………………………… 020
2.3　泡沫轻质土的耐久性能 …………………………………………… 029
2.4　泡沫轻质土的微观结构 …………………………………………… 052

第 3 章　软土地基泡沫轻质土路基路面协同变形性状

3.1　泡沫轻质土路基下软土地基横向不均匀沉降分析 …………… 058
3.2　软土地基横向不均匀沉降对泡沫轻质土路基影响 …………… 062
3.3　泡沫轻质土路基路面应力应变场变化规律协同分析 ………… 071
3.4　路基不均匀沉降影响下路面附加应力计算 …………………… 074

第4章　泡沫轻质土路堤扶壁式挡土墙模型试验

4.1　扶壁式挡土墙室内模型试验设计 …………………………………… 084
4.2　模型试验结果分析 …………………………………………………… 093
4.3　多层填土路堤扶壁式挡土墙力学特性分析 ………………………… 101
4.4　层状填土主动土压力计算方法研究 ………………………………… 118
4.5　路堤挡土墙优化设计分析 …………………………………………… 128

第5章　深厚软土地基泡沫轻质土路基超载预压控制标准

5.1　预压荷载下软土地基沉降理论 ……………………………………… 138
5.2　泡沫轻质土路基超载预压卸荷对沉降速率影响分析 ……………… 141
5.3　软土地基超载预压卸荷时机 ………………………………………… 144

第6章　厚垫层泡沫轻质土路基设计与施工技术

6.1　不同垫层厚度对泡沫轻质土路基变形性状的影响 ………………… 156
6.2　现浇泡沫轻质土路基试验段现场监测 ……………………………… 160
6.3　泡沫轻质土路基结构有限元分析 …………………………………… 172
6.4　厚垫层现浇泡沫轻质土路基施工工艺 ……………………………… 181

参考文献 ………………………………………………………………………… 194

第 1 章
CHAPTER 1

绪论

1.1 泡沫轻质土的基本概念及特点

泡沫轻质土,又称为泡沫混凝土、泡沫轻质混凝土或气泡混合轻质土,是指采用物理方法将发泡剂制备成泡沫,再将泡沫按照一定的比例混入已搅拌均匀的水泥浆(可添加外加剂或掺合料)中,并经物理化学作用硬化形成的一种含有大量气孔的轻质材料。由此可知,泡沫轻质土的组成成分主要有发泡剂、固化剂、水以及一些外加剂等。其中,固化剂包括主固化剂和辅助固化剂两种类型,主固化剂的作用为固结及加固土体,而辅助固化剂主要是用来提高泡沫轻质土的凝结速度、加速材料之间的化学反应。通常,实体工程中习惯采用水泥作为主固化剂,水泥可达到加固土体骨架的效果,然后根据原料土的性质添加石膏粉、硅粉等辅助材料,加入这些原料不仅可以有效降低工程造价,而且对改善泡沫轻质土的性能也有极大的帮助。

泡沫轻质土作为一种新型的轻质材料,由于其具有密度小、直立性好、流动性好、耐久性好、施工便捷以及隔热保温等一系列优点,日益受到国内外众多学者和专家的关注,并且将其逐步地应用于土木工程各个领域中,取得了不错的工程效果。泡沫轻质土的应用最早起源于美国,1985年美国首次将泡沫轻质土应用于建筑工程的地基处理中;随后1986年日本首次将泡沫轻质土用作公路路基填土以减轻荷重;21世纪初,我国开始从日本引进泡沫轻质土技术,并将其逐步应用于房建工程、铁路工程以及公路工程等领域。

与其他填土材料相比,泡沫轻质土材料内部由于分布大量独立的气孔,使得其表现出更多的特性,主要特点如下:

(1)轻质性:轻质性是泡沫轻质土最显著的特点,由于泡沫轻质土内部含有大量的气孔,使得其密度比常规的路基填料小很多,一般仅为常规填土密度的1/5~1/3。

(2)流动性:流动性是泡沫轻质土最基本的物理性能之一,通过管道泵送的方式,现浇泡沫轻质土最大输送距离可达到500m,最大泵送高度可达到30m。

(3)强度和重度具有可调节性:通过改变原材料的配合比,泡沫轻质土的强度和重度可根据实际需要在一定范围内自由调节。有关研究表明:在实际工程中,泡沫轻质土的无侧限抗压强度可在0.3~5.0MPa的范围内调整,而重度可在5.0~12.0kN/m³的范围内调整。

(4)固化后的自立性:水泥是泡沫轻质土的主要原材料,通常在浇筑一段时间后就会开始固化自立,固化后现浇泡沫轻质土对挡土结构物产生的挤压力很小,故可进行垂直填土。因此,泡沫轻质土具有良好的自立性,可以节省用地、减少拆迁。

(5)施工性:在整个施工过程中,由于现浇泡沫轻质土呈现出较好的流动性和自立性,浇筑时不需要进行振捣作业和机械碾压作业,也无须进行特别的养生处理,使得整个施工流程便捷高效,大幅地缩短了施工的工期。

(6)隔热保温性:由于泡沫轻质土内部含有大量的气泡,气泡对热力传导起着阻碍作用,导热系数小,故其具有良好的隔热保温性。有关研究表明:当泡沫轻质土密度在 $300 \sim 600 kg/m^3$ 范围内时,其导热系数可以达到 $0.08 \sim 0.23\ W/(m \cdot K)$,与普通混凝土相比,其热阻提高了将近 $10 \sim 20$ 倍。

(7)环保节能性:泡沫轻质土也属于一种无机材料,其浇筑成型后不会产生对环境有害的物质,对周边环境无污染;同时可充分利用粉煤灰等工业废渣作为原材料,促进资源的循环利用,具有良好的环保节能效果。因此,泡沫轻质土具有良好的环保节能性,对构建绿色环保节能型社会具有重大意义。

综上所述,泡沫轻质土材料的特殊性,使得其表现出更多的特性,应用前景十分广阔,为解决桥头跳车、道路加宽新老路基的差异沉降、软土地基加固以及寒区路基的隔热保温等技术难题提供了一种全新的技术手段。

1.2 依托工程概况

本书依托广佛江快速通道江门段一标段工程,包括西环路隧道以北路段(主线 K3+550～K18+143)和鹤山连接段(LK0+000～LK5+853),路线全长 20.446km,其中软土地基路段总长 3.403km。该工程是连接广佛肇和珠中江两个经济圈的重要枢纽,是沟通"广佛江珠"的重要桥梁,东连 G105 线,西连 G325 线,是 G105 线和 G325 线的连接线和加密线,同时也为珠海高栏港、银洲湖区域港口群提供了一个的重要疏港通道。广佛江快速通道江门段工程的建设,是对《珠江三角洲地区改革发展规划纲要(2008—2020年)》的贯彻与落实,对促进珠三角地区交通发展和经济社会一体化、加强区域交通基础设施的连接、促进区域经济发展都具有极其特殊的意义。

根据勘探资料,该工程最大软土深度为 19.0m 左右,分布于 K10+600～K11+000 之间,其余段软土深度在 5.0～16.0m 之间,总体软土深度较大。此外,路基填土高度受线位地形和桥隧构造物的控制,最大高度达到 11.8m。工程区属河流三角洲冲积平原及低(残)丘地貌,沿线河流纵横、鱼塘密布。山地和丘陵区的地表岩石风化强烈,全风化~强风化带深度在数米至数十米不等。勘探揭露地层自上而下主要有:素填土,层厚2.2~7.9m;腐殖土,灰褐、饱和、可塑,层厚0.5~1.0m;淤泥,灰黑、饱和、流塑,层厚2.4~15.8m,具有含水率高、孔隙比大、压缩性高、灵敏度高、抗剪强度低、渗透性小、变形大等不良工程特征;淤泥质土,灰黑、饱和、软塑,混有少量腐殖物,层厚1.2~12.4m。下部地层为残积土、粉砂、中粗砂、基岩。

针对该工程软土性质差、软土地基厚度大、路基填土高等特点,软土地基采用了塑料排水板、水泥搅拌桩、水泥粉煤灰碎石桩(CFG 桩)等措施进行处理。根据该工程进展需要和工期要求,由于软土地基处理路段预压期被缩短或取消,局部主辅路段辅道被取消,部分路段路基填筑速率过快,路基填料改用隧道弃渣,导致原设计工况发生较大改变,产生如下一些工程问题:

(1)路基沉降过大。

道路沿线部分路段填筑至设计高程,从监测数据看,沉降速率(0.2~5.4mm/d)和总沉降量(101.2~457.0mm)均较大,路基整体安全储备不足,工后仍有一定沉降,对运行期产生不利影响。

(2)高填路段路基稳定性不足。

高填路段主要分布在主线四标段,路基设计高度为5.0~11.8m,由于路基填料重度增大(利用隧道弃渣作填料),导致路基稳定性不足,而且工后沉降增大,为后期道路安全运营留下了潜在的工程隐患。

(3)高挡土墙地基承载力不足。

高挡土墙路段共长854m,主要分布在主线四标段和五标段部分路段。由于预压期被缩短或取消,部分高挡土墙路段辅道被取消,墙体所受土压力发生不利变化,挡土墙下复合地基承载力减小,进而可能引起挡土墙发生倾覆。

从以上工程问题来看,需要对广佛江快速通道江门段软土地基处理方案进行变更优化。根据2015年7月8日召开的"江门大道北线工程软土路基处理工程现状评估及应对措施专家评审会"的专家意见,为确保本工程软土地基路基工程的成功实施,减小地基沉降量,同时提高道路运营期行车的舒适性,有效控制工后沉降量,保证路基路面结构的耐久性,确定采用减轻路基荷载的换填泡沫轻质土方案。

现浇泡沫轻质土路基是软土地基处理的一种路基结构措施,通过减轻路基结构的重量减少地基的沉降量,提高地基和路基的整体稳定性,达到与对地基进行加固处理类似的工程效果。这些特性决定了泡沫轻质土用作路基填料,既可减少总沉降、不均匀沉降和工后沉降,提高路基和构造物的稳定性;又可缩短工期,为本工程深厚软土地基高填路基处理提供了一种有效的解决途径。

目前,泡沫轻质土在软基高路基修筑、道路改扩建、"三背"回填、采空区回填、道路抢险保通等方面已得到应用,并取得了良好的应用效果。但国内外关于泡沫轻质土在深厚软土地基高填路基处理方面的应用经验和有关研究工作却很少,没有成功应用的案例。为确保本工程采用泡沫轻质土解决路基沉降过大、高填路段路基稳定性不足、高挡土墙地基承载力不足方案的成功实施,同时提高道路运营期行车的舒适性,有效控制工后沉降量,保证路基路面结构的耐久性,有必要结合本工程实际,开展现浇泡沫轻质土换填技术在深厚软土地基处理中的应用技术研究。本书以广佛江快速通道江门段一标段软土地基处理工程为依托,在对相关科研成果和工程实践经验总结的基础上编写而成。

1.3 国内外相关研究现状

1.3.1 泡沫轻质土工程特性研究现状

泡沫轻质土的研究最早出现在美国、日本、荷兰等国家。20世纪80年代后期,日本、荷兰等国率先研发出一种由气泡和水泥浆等混合而成的新型轻质材料,称为气泡混合轻质填料(简称FLM)。随后日本等国开始着重对这种材料的基本特性和物理力学性能进行研究。1994年,日本学者三鸠信雄等研究了泡沫轻质土密度与发泡率之间的关系,研究结果表明:泡沫轻质土的密度在一定范围内具有可调节性,可以通过改变泡沫的掺入量来调节。1995年,矢岛等研究了泡沫轻质土强度特性,研究结果表明:泡沫轻质土的强度在一定范围内也具有可调节性,同样也可以通过改变泡沫的掺入量来调节。

为了进一步提高泡沫轻质土的性能,国外学者通过掺加不同的掺合料或外加剂来开展泡沫轻质土的改性试验研究。2000年,瓦川善三等通过无侧限抗压强度试验,分别研究了水泥添加率和掺入粉煤灰对泡沫轻质土强度的影响,研究结果表明:泡沫轻质土的无侧限抗压强度随着水泥添加率的增加而增加,而掺入粉煤灰有利于其强度的提高。2001年,美国学者P. K. Moore研究了掺入纤维和聚合物对泡沫轻质土力学性能的影响,研究结果表明:掺入纤维和聚合物能显著提高泡沫轻质土的力学性能,提高的热绝缘性。2005年,M. R. Jones等研究了掺入低钙粉煤灰对泡沫轻质土性能的影响,研究结果表明:低钙粉煤灰的掺入是提高泡沫轻质土流动性和抗压强度的有效办法之一。2015 年，A. A. Hilal 等研究了掺入硅粉对泡沫轻质土性能的影响，研究结果表明:掺入适量的硅粉有利于提高泡沫轻质土的流动性和强度。由此可见，充分利用粉煤灰、硅粉等工业废渣代替部分水泥作为泡沫轻质土的原材料，一方面可以促进资源的再生利用，另一方面有利于改善泡沫轻质土的物理力学性能。

关于泡沫轻质土的耐久性研究，2004 年 P. J. Tikalsky 等人在美国材料与试验协会 ASTM C666 的基础上提出了一种关于修正冻融循环的测试方法，通过对冻融循环前、后试样物理力学性能的比较，可得知:冻融循环前试样的含水率越低，泡沫轻质土的抗冻融性越好。2008 年，S. Murugesan 等人系统地研究了泡沫轻质土冻融破坏的影响因素，试验结果表明:泡沫轻质土的抗压强度、渗透深度是影响其抗冻融性的主要因素。

国内关于泡沫轻质土的研究较晚。21 世纪初，陈忠平率先将在日本学习到的泡沫轻质土技术引入国内，系统地介绍了泡沫轻质土的物理力学性能及其在工程应用中的广阔前景，为进一步研究和应用泡沫轻质土技术奠定了基础。随后，河海大学、东南大学、西南交通大学等高校对泡沫轻质土进行了大量的试验研究，并取得了一系列的研究成果。

对于泡沫轻质土的性能研究，2000 年，河海大学张小平等通过三轴压缩试验研究了泡沫轻质土的强度特性，研究结果表明:泡沫轻质土的主应力强度与围压大小有关。2003 年，苏州科技大学顾欢达等研究了水灰比和气泡掺入量对现浇泡沫轻质土的流动性和分离率的影响，研究结果表明:泡沫轻质土的流动性和分离率均随着水灰比的增大而增大，但随着气泡掺入量的增加而减小。2013 年，西北农林科技大学朱红英采用正交试验的方法，系统地分析了各原材料对泡沫轻质土性能的影响，研究结果表明:对泡沫轻质土干密度和抗压强度影响程度的大小顺序均为:发泡剂＞粉煤灰＞水料比＞石灰;对泡沫轻质土吸水率影响程度的大小排序为:粉煤灰＞发泡剂＞水料比＞石灰。

为了进一步改善泡沫轻质土的性能，国内学者也通过掺加不同的掺合料或外加剂来开展泡沫轻质土的改性试验研究。2008 年，西南科技大学乔欢欢等研究了掺加硅粉对不同密度等级的泡沫轻质土性能的影响，研究结果表明:掺入硅粉能大幅提高泡沫轻质土的抗压强度，但会使泡沫轻质土的吸水率增大，抗冻性能减弱。2011 年，湖南大学周志敏分析研究了轻质陶粒对泡沫轻质土性能的影响，研究结果表明:轻质陶粒能够改善泡沫轻质土的孔隙分布，能显著提高泡沫轻质土的抗压强度。2016 年，安徽理工大学王滁非研究了掺加氯化钙对泡沫轻质土性能的影响，研究结果表明:掺加氯化钙能够缩短泡沫轻质土的凝结硬化时间，并且能够提高其抗压强度。2017 年，西南交通大学陈婷婷研究了泡沫轻质土的力学性能随纤维掺加长度和掺量的变化规律，研究结果表明:掺纤维后的泡沫轻质土各项力学性能显著提高,并且当纤维长度为6mm、掺量为0.4%时,其无侧限抗压强度和劈裂抗压强度均达到最大值。

综上所述,关于泡沫轻质土性能的研究,国内外开展了大量的试验研究,但主要局限于其物理力学性能的试验研究,对于泡沫轻质土抗疲劳性能的研究很少,缺乏实际应用实例。

1.3.2 软土地基路基路面协同变形研究现状

地基的不均匀沉降变形是在软土地区公路工程中常见的问题,在保证路基的强度和稳定性的同时,必须限制地基的不均匀沉降,防止道路产生过大的不均匀沉降,引起路面过早开裂,发生破坏。现有的文献对路基路面协同变形研究较多地集中在路基的不均匀沉降对路面结构引起的附加应力。

1996年,周虎鑫对公路路面结构的功能性和结构性要求进行分析,提出不均匀沉降控制指标,并指出以0.4%的沉降坡差作为不均匀沉降的控制指标是合理的,既不会影响路面功能性,也不会使路面结构解体而破坏。2003年,张嘉凡运用解析法详细分析了不同沉降量和路面结构参数对路面结构附加应力的影响,指出不均匀沉降对路面结构层内的附加应力影响显著。2004年,邓卫东对路基进行弹塑性动力有限元分析,计算出在汽车荷载作用下由于路基土在力学和物理性质上的差异而产生的差异沉降,提出一种使沥青路面产生贯穿性破坏的临界差异沉降的计算方法。2012年,黄永强运用数值计算分析了不同模式下的路基不均匀沉降,研究了不均匀沉降量及路面结构参数对路面结构破坏的影响。2013年,弋晓明采用数值计算和理论分析相结合的方法对路基容许不均匀沉降控制指标进行了研究,提出利用沉降梯度作为路基不均匀沉降的控制指标,具有一定的局限性。沉降梯度与沉降距离的比值与弯拉应力之间存在一一对应的关系,可作为容许不均匀沉降的控制指标。

综上所述,目前国内外关于软土地基路基路面协同变形的研究工作较少,而以泡沫轻质土路基路面为研究对象的协同变形研究在国内外尚属空白,现有研究水平存在着明显的不足,有待进一步研究。

1.3.3 挡土墙优化设计及试验研究现状

挡土墙设计中,若初步选定的挡土墙断面尺寸不满足强度或稳定性要求,需重新设计计算;或者是初选断面尺寸尽管满足强度及稳定性要求,但不一定为最经济断面。这两种结果均表明,要想获得最佳设计断面尺寸,需经过大量试算,若人工进行试算,不仅费时费力、工作效率低,且最终所得结果不一定为全局最优。基于概率统计的挡土墙设计方法,从理论上可更科学地利用材料的强度等特性,属于挡土墙优化设计方法之一。另有一些学者则提出从挡土墙结构本身出发的结构优化设计观点,如 Edward J. Rhomberg 和 Walter M. Street 利用结构设计原理对墙体中的弯矩值进行最优设计,得到最佳厚度并分析了墙后土体的内摩擦角、重度、超载及墙高等对造价的影响曲线。Alshaw、Dembicki 等对该问题进行了进一步的探讨,其目标还涉及诸如截面形状优化、结构稳定性优化等方面。Askin Saribas 和 Fuat Erbatur 则以挡土墙的造价为优化目标,建立约束非线性优化方程组来进行挡土墙的优化设计,并对超载、墙后填土性质、填土面倾角等参数对目标函数的影响进行了分析。刘继芳曾利用经验公式进行数值迭代优化,开发出重力式挡土墙的计算机辅助设计程序,在一定程度上实现了重力式挡土墙的截面优化设计。此外,也有采用单纯形法进行优化以及基于大量实际工程而开发出的挡土墙设计专家系统,根据工程数据库来决定设计方案。

太沙基等使用砂土作为填土材料,进行了大规模的模型试验后,首先对经典土压力理论提出了质疑,认为在影响土压力的众多因素中最重要的是墙体的位移,且只有在墙后土体发生剪切破坏时,库仑土压力理论和郎肯土压力理论才是正确的。Fang 和 Ishibashi 采用模型试验,对墙后填土为砂土的挡土墙进行土压力试验研究,发现墙背土压力沿墙高的分布与挡土墙的变位模式有关,且呈非线性分布;挡土墙在不同变位模式下,由静止状态到极限平衡状态所需位移量大体相同,但随着填土密实度的提高,合力作用点与墙底的距离变大。陈页开采用自制的模型箱,对填料是砂土的刚性挡土墙进行相关试验研究,发现 T 模式下,墙背土压力随挡土墙高度的变化呈三角形分布,且墙后填土达到极限平衡状态所需的时间基本相同与距离墙顶的高度无关,位移量约为 $0.8H$(H 为挡土墙高度);RBT(绕墙底以下某一点)模式下,墙后土压力随挡土墙高度的变化呈非线性分布,且墙后靠近墙顶位置的填土较靠近墙底位置的填土率先达到极限状态,位移量约为 $0.11H$;RTT(绕墙顶以上某一点)模式下,墙后土压力随挡土墙高度的变化也呈非线性分布,且靠近墙底位置的填土较靠近墙顶位置的填土率先达到极限状态,位移量约为 $0.12H$。

综上所述,对于高扶壁式挡土墙(墙高大于10m),墙后填土采用泡沫轻质土填筑,国内外对其研究很少,其受力及变形机理尚不明确,因此,对这种特殊状态情况的挡土墙进行分析研究,更好地掌握其工程特性是十分必要的,其设计方法还有待于完善。

1.3.4 泡沫轻质土路基设计与施工应用研究现状

泡沫轻质土作为一种新型材料,国内外有关学者通过大规模的工程应用和试验研究,使其应用范围不断扩大,发展速度十分迅速,并取得了一系列研究成果。目前,泡沫轻质土路基换填技术已在国家体育场——鸟巢充填、天津体育场充填、武汉长江大桥附属设施的整修、汕头中山东路改造、京珠高速公路拓宽、河北沿海高速公路拓宽、广佛及佛开高速公路拓宽等大量的实体工程中得到了很好的应用。

1986 年,日本东北公路八户线一户区首次采用现浇泡沫轻质土作为道路填料,以减轻荷载,实现了对道路滑坡的有效治理。1988 年,英国伦敦 Dorkland 地区浇筑了 27000m^3 的现浇泡沫轻质土作为道路路基填料,减小了地基的上部荷载,从而有效控制了路面沉降,节约了工程成本。此后,随着泡沫轻质土路基设计与施工水平技术的不断提高,日本又将泡沫轻质土技术成功地应用到其首都机场跑道上,不仅很大程度上缩短了建设工期,而且对减少工后沉降也有很大的帮助。

我国泡沫轻质土应用技术的发展相对较晚。21 世纪以后,2009 年,林乐彬结合内蒙古一级公路实际工程,对泡沫轻质土在冻土地区路基病害防治中的应用进行研究,提出泡沫轻质土可作为冻土地区的填土材料,为冻土地区路基病害防治提供了一种新的思路和方法。2011 年,杨少华等通过对泡沫轻质土在浙江省公路建设中的回顾与总结,提出泡沫轻质土作为路基填料可大幅减轻路基荷载;对于在隧道施工过程中支护难度较大的高填深挖段,宜优先选用泡沫轻质土进行填筑。2014 年,盛斌对泡沫轻质土路基在广东某高速公路中的设计、施工和一些特殊情况进行了详细阐述,并进一步提出为改善路基拼接效果,在新旧路基拼接面处应多设几级台阶的建议。2016 年,朱俊杰等通过工程实例的论证,提出了气泡混合轻质土作为路堤填料时最佳浇筑厚度的确定方法,针对某现场试验段的工程情况,提出单次浇筑厚度控制 500mm 以内的建议。

以上研究成果对泡沫轻质土路基施工应用具有一定的指导意义,但也可以看出其中的不足之处。一方面,现有研究主要是对施工前泡沫轻质土路基物理力学性能或施工完成后效果进行分析,但对施工过程中泡沫轻质土路基应力变形特性研究相对较少;另一方面,在进行泡沫轻质土换填效果分析时主要是对不同填料下基底应力位移进行分析,对泡沫轻质土路基结构形式优化研究相对较少。

1.4 本书主要内容

(1) 泡沫轻质土物理力学特性及结构耐久性评价。

采用室内试验和数理统计相结合的方法,在泡沫轻质土制备技术的基础上,对泡沫轻质土开展一系列的物理力学性能试验、耐久性能试验、微观结构试验,详细阐述泡沫轻质土的流动性、湿重度、无侧限抗压强度、吸水性、抗折强度、CBR值(加州承载比)、回弹模量、水稳定性、冻融稳定性以及微观结构等特征;同时结合依托工程的工程概况,采用UTM-100试验系统重点分析泡沫轻质土的抗疲劳性能,预测泡沫轻质土路基的实际疲劳寿命,从而为软土地基上泡沫轻质土路基的施工设计提供参考。

(2) 软土地基泡沫轻质土路基路面协同变形性状。

基于软土固结理论,运用有限元软件建立软土地基固结沉降模型,分析在置换厚度、路基高度、土的重度、模量和路面宽度等因素影响下软土地基沉降和泡沫轻质土路基变形的规律,揭示基层参数、垫层参数、路面宽度等因素影响下路基变形对路面附加应力的影响,建立各因素综合影响下不均匀沉降路面附加应力计算公式,掌握泡沫轻质土路基对软土地基横向不均匀沉降的行为反应,对于最大程度地发挥泡沫轻质土路基减小及均化差异沉降的作用具有重要意义。

(3) 泡沫轻质土路堤扶壁式挡土墙模型试验。

基于相似理论进行模型试验方案设计,对不同表面荷载、不同泡沫轻质土密度、不同泡沫轻质土换填深度下扶壁式挡土墙的土压力、挡土墙位移等关键指标进行监测,研究层状填土下扶壁式挡土墙的土压力分布、挡土墙位移变化规律及其变形特性。此外,通过建立有限元分析模型,分析地基土弹性模量、不同黏聚力、不同内摩擦角下墙背土压力及挡土墙位移变化规律,并将数值计算、模型试验及现场实测的结果进行对比分析,从而验证室内模型试验的合理性。最后,根据现有的挡土墙设计理论,对泡沫轻质土扶壁式挡土墙进行结构优化设计,提出合理的扶壁式挡土墙优化公式。

(4) 深厚软土地基泡沫轻质土路基超载预压控制标准。

通过建立超载预压有限元模型,结合超载预压理论和地基沉降预测方法以及软土地基沉降特性,研究泡沫轻质土路基下深厚软土地基变形特性,分析不同超载厚度和不同卸载时机对地基沉降的影响,提出泡沫轻质土路基下深厚软土地基卸载控制标准,通过沉降速率法建立超载沉降速率与等载工后沉降间的关系式,并由允许工后沉降获得相应的超载卸荷沉降速率标准,从而进一步确定超载预压卸载时机,为深厚软土地基处理工程提供重要的施工和设计参数。

(5)厚垫层泡沫轻质土路基设计与施工技术。

通过有限元方法,对比分析不同垫层厚度下泡沫轻质土路基基底应力和基底沉降变化规律,确定最佳垫层厚度,并揭示架桥作用在泡沫轻质土路基中的发挥程度,从而研发出一种适用于深厚软土地基的厚垫层泡沫轻质土路基结构。此外,以高挡土墙填筑泡沫轻质土和高填方泡沫轻质土两种类型试验路段为监测对象,通过现场监测,分析现浇泡沫轻质土路基应力应变特征,验证用泡沫轻质土换填普通填土后性能的优越性,明确泡沫轻质土适宜的换填高度。根据监测数据,采用有限元模拟,进一步分析不同填料、不同结构形式、不同换填高度下泡沫轻质土路基应力位移响应,明确泡沫轻质土路基合理的施工参数。在此基础上,采用厚垫层和分层分块施工思路,总结形成适用于深厚软基段的厚垫层轻质土路基施工工艺。

第 2 章
CHAPTER 2

泡沫轻质土物理力学特性及结构耐久性评价

采用现浇泡沫轻质土路基填筑的方法对软土地基进行加固,一方面能够极大地减轻填土荷载,有效地控制软基的工后沉降和侧移;另一方面能够大幅缩短施工的工期。因此,采用现浇泡沫轻质土路基填筑法处理软土地基能取得较好的工程效果。然而,由于我国对泡沫轻质土的研究起步较晚,目前国内对泡沫轻质土技术还没有形成一套统一的标准,尤其是关于软土地基上泡沫轻质土路基的耐久性研究较少。

为了将泡沫轻质土大规模地应用于公路路基,使其充分发挥自身轻质性、高流动性等特点并满足实际工程中的技术要求,需对这种材料的物理力学特性及结构耐久性进行研究。鉴于此,本章以广佛江快速通道江门段一标段作为依托工程,通过室内试验和数理统计相结合的方法,分别开展泡沫轻质土的制备技术、物理力学性能、耐久性能以及微观结构特性的研究,以实现对泡沫轻质土路基耐久性的有效评价。

2.1 泡沫轻质土的制备技术

2.1.1 试验原材料的选取及技术要求

1)水泥

选取西安蓝田牌42.5级的普通硅酸盐水泥作为原材料,其性能应符合《通用硅酸盐水泥》(GB 175—2007)中的要求,并测得其主要性能指标,见表2.1-1。

水泥主要性能指标　　　　表2.1-1

检测项目	品种	强度等级	密度(kg/m³)	凝结时间(min)		抗压强度(MPa)	
				初凝	终凝	3d	28d
规范值	—		2900~3100	≥45	≤600	≥17	≥42.5
试验值	普通硅酸盐水泥	42.5	3069	160	220	29.2	53.6

2)粉煤灰

采用F类Ⅱ级粉煤灰作为原材料,其性能应符合《用于水泥和混凝土中的粉煤灰》(GB/T 1596—2017)中的要求,并测得其主要性能指标,见表2.1-2。

粉煤灰主要性能指标　　　　　表2.1-2

检测项目	煤种	等级	密度(kg/m³)	含水率(%)	细度(%)
规范值	—	—	≥2000	≤1.0	≤25.0
试验值	F类	Ⅱ级	2148	0.6	17.8

3）发泡剂

采用发泡效果较好的复合型发泡剂作为原材料，其性能应符合《现浇泡沫轻质土路基设计施工技术规程》(TJG F10 01—2011)中的要求，并测得其主要性能指标，见表2.1-3。

发泡剂主要性能指标　　　　　表2.1-3

检测项目	品种	稀释倍率	发泡倍率	标准泡沫密度(kg/m³)	标准泡沫泌水率(%)
规范值	—	40~60	800~1200	30~50	≤20
试验值	复合型发泡剂	40	993	40.27	14.5

4）水

为了保证泡沫轻质土的质量，在制备泡沫轻质土的过程中，应严格控制水质和用水量。本试验采用试验室自来水作为原材料，其水中含有的杂质较少。

2.1.2 泡沫轻质土配合比设计

1）配合比设计的基本原则

在进行泡沫轻质土配合比设计的过程中，必须满足无侧限抗压强度、湿重度、流值的性能要求。根据《现浇泡沫轻质土路基设计施工技术规程》(TJG F10 01—2011)的规定，无侧限抗压强度、湿重度、流值的性能要求见表2.1-4。

三大基本物理力学性能指标要求　　　　　表2.1-4

检测项目	流值(mm)	施工湿重度(kN/m³)	28d 无侧限抗压强度(MPa)
规范值	170~190	5.5~6.5	≥0.6

2）配合比设计的计算步骤

（1）根据设计要求确定泡沫轻质土施工湿密度 R_{fw}。

参照《公路路基设计规范》(JTG D30—2015)的规定，泡沫轻质土的最小施工湿密度应大于 $500 kg/m^3$，最大施工湿密度应小于 $1100 kg/m^3$。依托工程中，采用的泡沫轻质土施工湿密度 R_{fw} 为 $600 kg/m^3$。

（2）确定水泥浆的配合比。

水泥浆单方材料组成、湿密度计算公式如下：

$$\begin{cases} M_c = \dfrac{1}{Y} \\ M_f = \dfrac{1}{1-a} M_c \\ M_w = \dfrac{M_c}{b(1-a)} \\ R_L = M_c + M_f + M_w \\ Y = \dfrac{1}{b(1-a) \times 1000} + \dfrac{1}{\rho_c} + \dfrac{a}{1-a} \times \dfrac{1}{\rho_f} \end{cases} \quad (2.1\text{-}1)$$

式中：M_c——单方水泥浆中水泥的质量（kg/m^3）；

M_f——单方水泥浆中粉煤灰的质量（kg/m^3）；

M_w——单方水泥浆中水的质量（kg/m^3）；

R_L——单方水泥浆的质量，即水泥浆湿密度（kg/m^3）；

ρ_c——水泥密度（kg/m^3）；

ρ_f——粉煤灰密度（kg/m^3）；

a——水泥浆中粉煤灰占固体质量的百分比，$a = M_f / (M_c + M_f)$；

b——水泥浆中单位质量水中包含固体的质量，即水固比 $= 1 : b$。

（3）确定泡沫轻质土的配合比。

泡沫轻质土单方材料组成、气泡率计算公式如下：

$$\begin{cases} \lambda = \dfrac{R_L - R_{fw}}{R_L - \rho_a} \\ m_w = M_w (1-\lambda) \\ m_c = M_c (1-\lambda) \\ m_f = M_f (1-\lambda) \\ m_a = \lambda \rho_a \end{cases} \quad (2.1\text{-}2)$$

式中：m_c——单方泡沫轻质土中水泥的质量（kg/m³）；

m_f——单方泡沫轻质土中粉煤灰的质量（kg/m³）；

m_w——单方泡沫轻质土中水的质量（kg/m³）；

m_a——单方泡沫轻质土中泡沫的质量（kg/m³）；

λ——泡沫轻质土气泡率，即泡沫体积占总体积的百分数；

R_{fw}——泡沫轻质土施工湿密度（kg/m³）；

ρ_a——泡沫密度（kg/m³）。

根据有关规范，在确定水泥浆配合比时，水固比参数 b 的经验范围在 1.3~1.6 之间，粉煤灰掺量 a 不应大于30%。按照上述计算步骤，首先应进行泡沫轻质土配合比的试配试验，目的是检查该配合比下的泡沫轻质土是否均满足其基本物理力学性能（无侧限抗压强度、湿重度、流值）的要求。

试配试验结果表明：当水固比 1:b=1:1.6 时，测得泡沫轻质土的流值为 226mm，显然不满足流值的要求。流值过大，说明水的用量较多，相应的固体材料（水泥、粉煤灰）用量较少，因此应该增大水固比参数 b 的取值，一般按 0.05 的差额调整水固比参数 b，重新计算原材料的用量，并重新拌制后，再测定流值是否满足设计要求。当流值满足要求时，再测定泡沫轻质土的湿重度和无侧限抗压强度是否满足要求，按照此方法逐渐找到泡沫轻质土的最佳配合比。

3）配合比设计的方案

为了研究粉煤灰掺量对泡沫轻质土性能的影响，在泡沫轻质土配合比设计中，将粉煤灰掺量 a 分两种情况进行讨论：第一种情况，粉煤灰掺量 a=30%；第二种情况，粉煤灰掺量 a=0，即固体材料为纯水泥。根据上述配合比设计的计算步骤，将泡沫轻质土配合比设计情况汇总，见表 2.1-5、表 2.1-6。

泡沫轻质土配合比（粉煤灰掺量 a=30%）　　　表 2.1-5

配合比编号	水固比	配合比各组分			
		水泥（kg/m³）	粉煤灰（kg/m³）	水（kg/m³）	泡沫（kg/m³）
A1	1:1.60	247	106	221	26
A2	1:1.65	250	107	217	26
A3	1:1.70	253	108	212	26
A4	1:1.75	255	109	209	26

续上表

配合比编号	水固比	配合比各组分			
		水泥(kg/m³)	粉煤灰(kg/m³)	水(kg/m³)	泡沫(kg/m³)
A5	1:1.80	258	111	205	27
A6	1:1.85	261	112	201	27
A7	1:1.90	263	113	198	27
A8	1:1.95	265	114	194	27
A9	1:2.00	267	115	191	27

泡沫轻质土配合比(粉煤灰掺量 $a=0$) 表2.1-6

配合比编号	水固比	配合比各组分		
		水泥(kg/m³)	水(kg/m³)	泡沫(kg/m³)
B1	1:1.70	361	212	27
B2	1:1.75	365	208	27
B3	1:1.80	368	205	27
B4	1:1.85	372	201	27
B5	1:1.90	375	197	27
B6	1:1.95	378	194	27
B7	1:2.00	382	191	28
B8	1:2.05	385	188	28
B9	1:2.10	388	185	28

2.1.3 泡沫轻质土制备方法

本试验采用预制泡沫混合法制备泡沫轻质土拌合物,具体步骤如下:

(1)根据事先设计好的配合比,用电子天平分别称取一定量的水泥、粉煤灰、水,然后加入搅拌机中进行第一次搅拌,搅拌时间不得少于2min。

(2)按照40倍的稀释倍率,分别量取10L的水和0.25L的发泡剂,加入发泡机中进行稀释,发泡液在压力的作用下引入空气,从而产生大量稳定的泡沫。

(3)用电子天平立即称取一定量的泡沫,然后将泡沫倒入搅拌机中,与水泥浆混合进行第二次搅拌,直至泡沫轻质土拌合物稳定均匀为止,搅拌时间也不得少于 2min。

(4)泡沫轻质土拌合物搅拌均匀后,可以进行泡沫轻质土的物理性能试验(如流值、湿重度);也可将制备好的泡沫轻质土拌合物均匀倒入各种尺寸的试模内,并进行人工振捣,使其密实。浇筑成型后拆模,在室内标准养生,达到所需的龄期后再进行泡沫轻质土的力学性能和耐久性试验。

以制备立方体试件为例,图 2.1-1 所示为泡沫轻质土各阶段的制备过程。

图 2.1-1 泡沫轻质土试件制备过程

泡沫轻质土制备流程如图 2.1-2 所示。

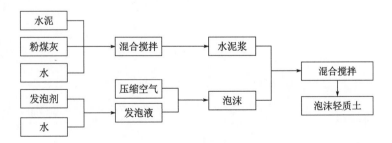

图 2.1-2 泡沫轻质土制备流程

2.2 泡沫轻质土的物理力学性能

2.2.1 基本物理力学性能

在实际工程应用中,评价泡沫轻质土物理力学性能最基本的指标是流值、湿重度以及无侧限抗压强度。在泡沫轻质土配合比设计的基础上,通过泡沫轻质土流值、湿重度以及无侧限抗压强度的试验,分别研究水固比、粉煤灰掺量对泡沫轻质土的流值、湿重度以及无侧限抗压强度的影响,从而确定泡沫轻质土的最佳配合比,为之后研究泡沫轻质土其他物理力学性能和耐久性能奠定基础。

1)流值

流值是表示泡沫轻质土流动性的量值,也称为流动度,一般采用圆筒法测量。为了满足施工要求,泡沫轻质土的流值宜控制在 170~190mm 之间。对泡沫轻质土配合比设计中的各个配合比进行泡沫轻质土的流值测定,测得的泡沫轻质土流值试验结果见表 2.2-1。

泡沫轻质土的流值试验结果表 表 2.2-1

配合比编号	粉煤灰掺量(%)	水固比	流值(mm)
A1	30	1:1.60	226
A2	30	1:1.65	217
A3	30	1:1.70	209
A4	30	1:1.75	193
A5	30	1:1.80	189
A6	30	1:1.85	181
A7	30	1:1.90	172
A8	30	1:1.95	166
A9	30	1:2.00	158
B1	0	1:1.70	229
B2	0	1:1.75	221

续上表

配合比编号	粉煤灰掺量(%)	水固比	流值(mm)
B3	0	1:1.80	215
B4	0	1:1.85	208
B5	0	1:1.90	202
B6	0	1:1.95	197
B7	0	1:2.00	186
B8	0	1:2.05	179
B9	0	1:2.10	171

根据表 2.2-1 中的试验结果,可得到粉煤灰掺量和水固比对泡沫轻质土流值的影响规律,如图 2.2-1 所示。

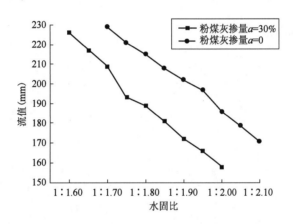

图 2.2-1 粉煤灰掺量和水固比对泡沫轻质土流值的影响

由图 2.2-1 可知,泡沫轻质土的流值受水固比的影响较大。在同一粉煤灰掺量条件下,随着水固比的减小,泡沫轻质土的流值呈现逐渐减小的趋势;换言之,所谓水固比减小,就是指水泥浆料中固体材料(水泥+粉煤灰或水泥)所占比例逐渐增大,而水的含量逐渐减小时,其流动性会降低。从泡沫轻质土的制备过程也可以观察到,水的含量越少,泡沫轻质土的黏滞性会越大,其流动性会逐渐降低。

从图 2.2-1 中还可以发现,影响泡沫轻质土流值的另一个因素是粉煤灰掺量。由于粉煤灰中存在较多的微细颗粒,对泡沫轻质土内的泌水通道起到一定的截断作用,并且粉煤灰的吸水性比水泥更好,因此,掺加一定量的粉煤灰会减少泡沫轻质土的离析和泌水,有效改善泡沫轻质土的流动性。

综上所述,结合实体工程中对泡沫轻质土流值的要求,可以得知:当粉煤灰掺量为30%时,满足泡沫轻质土流值要求的配合比在1:1.80~1:1.90范围内;当不掺加粉煤灰时,满足泡沫轻质土流值要求的配合比在1:2.00~1:2.10范围内。

2)湿重度

湿重度是指泡沫轻质土在硬化前保持流动状态下的单位体积重量。一般采用容量筒法测定泡沫轻质土的湿重度。为了满足施工要求,泡沫轻质土湿重度的合理范围为$5.5~6.5 kN/m^3$。对泡沫轻质土配合比设计中的各个配合比进行泡沫轻质土的湿重度测定,测得的泡沫轻质土湿重度试验结果见表2.2-2。粉煤灰掺量和水固比对泡沫轻质土湿重度的影响规律如图2.2-2所示。

泡沫轻质土的湿重度试验结果表　　　　表2.2-2

配合比编号	粉煤灰掺量(%)	水固比	湿重度(kN/m^3)
A1	30	1:1.60	5.06
A2	30	1:1.65	5.10
A3	30	1:1.70	5.29
A4	30	1:1.75	5.47
A5	30	1:1.80	5.56
A6	30	1:1.85	5.84
A7	30	1:1.90	6.11
A8	30	1:1.95	6.23
A9	30	1:2.00	6.31
B1	0	1:1.70	5.57
B2	0	1:1.75	5.66
B3	0	1:1.80	5.72
B4	0	1:1.85	6.04
B5	0	1:1.90	6.20
B6	0	1:1.95	6.32
B7	0	1:2.00	6.48
B8	0	1:2.05	6.75
B9	0	1:2.10	6.93

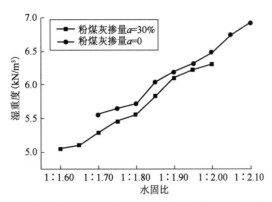

图 2.2-2　粉煤灰掺量和水固比对泡沫轻质土湿重度的影响

从图 2.2-2 中可以看出,通过改变水固比,使得泡沫轻质土的湿重度发生了较大的变化。由于泡沫轻质土中固体材料(水泥、粉煤灰)的密度远大于水的密度,当泡沫轻质土混合料中固体材料所占比例逐渐增大,而水的比例逐渐减小时,泡沫轻质土的湿重度显然会逐渐增大。因此,在同一粉煤灰掺量条件下,泡沫轻质土的湿重度随着水固比的减小而不断增大,呈线性增长的趋势。

从图 2.2-2 中还可以得知,粉煤灰掺量会在一定程度上影响泡沫轻质土的湿重度。同一水固比条件下,掺加 30% 粉煤灰的泡沫轻质土,其湿重度显然小于纯水泥泡沫轻质土的湿重度。这是因为粉煤灰的密度远小于水泥的密度,整体而言,掺加粉煤灰代替部分水泥会减小泡沫轻质土的湿重度。但是泡沫轻质土的湿重度不能过小,否则泡沫轻质土的抗压强度无法满足施工的要求,因此需要合理控制粉煤灰的掺量。多次实践经验和试验研究证明:在实体工程应用中,掺加 30% 的粉煤灰代替水泥,往往能取得较好的工程效果。

综上所述,结合实体工程中对泡沫轻质土湿重度的要求,得知:当粉煤灰掺量为 30%时,满足泡沫轻质土湿重度要求的配合比在 1∶1.80～1∶2.00 范围内;当不掺加粉煤灰时,满足泡沫轻质土湿重度要求的配合比在 1∶1.75～1∶2.00 范围内。

3)无侧限抗压强度

无侧限抗压强度是反映泡沫轻质土力学强度特性的基本指标,是指在无侧限条件下试件所承受的最大轴向压应力,其力学性能直接关系到路基承载力的好坏,一般采用强度仪法测量。为了满足施工要求,根据《现浇泡沫轻质土路基设计施工技术规程》(TJG F10 01—2011),对于高等级公路,当泡沫轻质土路基顶面距离路面底面超过 0.8m 时,泡沫轻质土的 28d 无侧限抗压强度宜不低于 0.6MPa,同时为了节约工期,在对泡沫轻质土的无侧限抗压强度进行检验时,采用 7d 龄期强度不低于 0.5 倍设计强度的判别标准,即泡沫轻质土的 7d 无侧限抗压强度宜不小于 0.3MPa。对泡沫轻质土配合比设计中的各个配合比进行泡沫轻质土的 7d 无侧限抗压强度测定，测得的泡沫轻质土 7d 无侧限抗压强度试验结果见表 2.2-3。

泡沫轻质土的 7d 无侧限抗压强度试验结果表　　　　表 2.2-3

配合比编号	粉煤灰掺量(%)	水固比	7d 无侧限抗压强度(MPa)
A1	30	1∶1.60	0.163
A2	30	1∶1.65	0.225
A3	30	1∶1.70	0.267
A4	30	1∶1.75	0.298
A5	30	1∶1.80	0.343
A6	30	1∶1.85	0.426
A7	30	1∶1.90	0.538
A8	30	1∶1.95	0.562
A9	30	1∶2.00	0.597
B1	0	1∶1.70	0.208
B2	0	1∶1.75	0.237
B3	0	1∶1.80	0.260
B4	0	1∶1.85	0.305
B5	0	1∶1.90	0.347
B6	0	1∶1.95	0.430
B7	0	1∶2.00	0.496
B8	0	1∶2.05	0.614
B9	0	1∶2.10	0.714

根据表 2.2-3 中的试验结果，可得到粉煤灰掺量和水固比对泡沫轻质土 7d 无侧限抗压强度的影响规律，如图 2.2-3 所示。

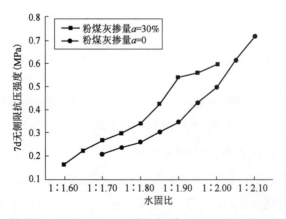

图 2.2-3　粉煤灰掺量和水固比对泡沫轻质土 7d 无侧限抗压强度的影响

从图2.2-3中可知,影响泡沫轻质土无侧限抗压强度的主要因素是水固比。在同一粉煤灰掺量条件下,随着水固比的减小,泡沫轻质土的无侧限抗压强度会逐渐增大,并且增大速率较快。水固比减小,意味着固体材料增多,则相应的泡沫轻质土孔隙率减小,而实际上泡沫轻质土的强度来源主要是水泥自身所产生的胶凝作用,增大了水泥与集料之间的黏结力,显著提高了其无侧限抗压强度。因此,提高泡沫轻质土无侧限抗压强度的有效措施是减小水固比。

从图2.2-3中还可以看出:掺加一定量的粉煤灰是提高泡沫轻质土无侧限抗压强度的另一个有效措施。粉煤灰的活性微集料效应,对水泥浆起到填充密实的作用,直接细化了泡沫轻质土的孔隙,使得其无侧限抗压强度明显提高。

综上所述,结合实体工程中对泡沫轻质土无侧限抗压强度的要求,可以得知:当粉煤灰掺量为30%时,满足泡沫轻质土无侧限抗压强度要求的配合比在1:1.80~1:2.00范围内;当不掺加粉煤灰时,满足泡沫轻质土无侧限抗压强度要求的配合比在1:1.85~1:2.10范围内。

通过上述对泡沫轻质土的基本物理力学性能试验研究,可以明确泡沫轻质土的最佳配合比分别是:当粉煤灰掺量为30%时,最佳配合比为1:1.80;当不掺加粉煤灰时,最佳配合比为1:2.00。由于掺加一定量的粉煤灰有利于改善泡沫轻质土的性能,因此在之后的研究中,若无特别说明,均是指粉煤灰掺量为30%的情况。

2.2.2 其他物理力学性能

1)吸水性

吸水性是表示泡沫轻质土在浸水状态下吸取水分的能力,通常用吸水率表征,主要分为质量吸水率和体积吸水率,此次试验通过质量吸水率来衡量泡沫轻质土的吸水性。分别选取配合比A3、A5、A7以及A9进行泡沫轻质土的吸水率测定,测得的泡沫轻质土质量吸水率试验结果见表2.2-4。

泡沫轻质土的质量吸水率试验结果表　　表2.2-4

配合比编号	水固比	试件编号	烘干试样质量(g)	饱水试样质量(g)	质量吸水率(%)	平均质量吸水率(%)
A3	1:1.70	1	464.90	594.25	27.82	29.24
		2	479.27	623.59	30.11	
		3	476.01	617.84	29.80	

续上表

配合比编号	水固比	试件编号	烘干试样质量（g）	饱水试样质量（g）	质量吸水率（%）	平均质量吸水率（%）
A5	1:1.80	1	506.11	638.56	26.17	24.26
		2	497.59	612.82	23.16	
		3	501.95	619.62	23.44	
A7	1:1.90	1	563.79	691.21	22.60	22.48
		2	545.80	660.35	20.99	
		3	566.84	702.12	23.87	
A9	1:2.00	1	598.41	722.67	20.77	20.17
		2	614.77	736.31	19.77	
		3	607.29	728.64	19.98	

由表2.2-4可知，水固比的变化使得泡沫轻质土的质量吸水率发生了一定的变化，其吸水率随着水固比的减小而逐渐减小。泡沫轻质土是一种多孔结构，其气孔若是连通型，则更容易吸水；若气孔是独立封闭型，则泡沫轻质土的吸水率就较低。根据相关研究得知，泡沫轻质土吸水率的合理范围在10%~25%之间。而本次试验吸水率试验结果几乎在这合理范围内，说明泡沫轻质土虽然含有大量的气孔，但这些气孔大多都是分散独立的；并且其气泡壁是胶质物质，具有一定的强韧不通水的性能，从宏观的角度上反映出泡沫轻质土的微观结构特点。由此可知，泡沫轻质土的吸水能力是一定的。

2）抗折强度和28d无侧限抗压强度

分别选取配合比A3、A5、A7以及A9进行泡沫轻质土的抗折强度和28d无侧限抗压强度测定，试验结果见表2.2-5。

泡沫轻质土的抗折强度和28d抗压强度试验结果表　　表2.2-5

配合比编号	水固比	抗折强度（MPa）	28d无侧限抗压强度（MPa）
A3	1:1.70	0.174	0.512
A5	1:1.80	0.205	0.621
A7	1:1.90	0.276	0.874
A9	1:2.00	0.325	0.956

由表 2.2-5 可知，泡沫轻质土的抗折强度较低，一般仅为 28d 无侧限抗压强度的 1/3 左右，并且其抗折强度值随着水固比的减小而逐渐增大。建立泡沫轻质土的抗折强度与 28d 无侧限抗压强度之间的函数关系，如图 2.2-4 所示。

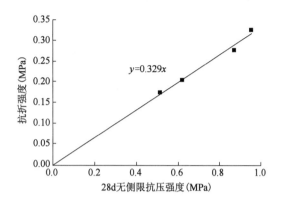

图 2.2-4　泡沫轻质土的抗折强度与 28d 无侧限抗压强度的函数关系

从图 2.2-4 中可知，泡沫轻质土的抗折强度与 28d 无侧限抗压强度呈现良好的线性关系，泡沫轻质土的抗折强度 f_f 与 28d 无侧限抗压强度 f_{cu} 之间的力学关系式为：$f_f = 0.329 f_{cu}$，可通过 28d 无侧限抗压强度推算出泡沫轻质土的抗折强度。

3）CBR 值

为了研究泡沫轻质土的 CBR 值，建立泡沫轻质土的 CBR 值与无侧限抗压强度的力学关系式，分别选取配合比 A3、A5、A7 以及 A9 进行泡沫轻质土的 CBR 值测定。同时考虑浸水环境对泡沫轻质土 CBR 值的影响，选取最佳配合比 A5 为研究对象，对比分析在非浸水状态下和浸水状态下泡沫轻质土 CBR 值的变化。测得的 CBR 值结果见表 2.2-6。

泡沫轻质土的 CBR 值试验结果表　　　表 2.2-6

配合比编号	水固比	浸水环境	CBR 值(%)		
			贯入量为 2.5mm	贯入量为 5.0mm	最终值
A3	1:1.70	浸水条件	10.5	9.1	10.5
A5	1:1.80	浸水条件	12.2	11.5	12.2
		非浸水条件	13.0	11.3	13.0
A7	1:1.90	浸水条件	18.9	16.5	18.9
A9	1:2.00	浸水条件	20.7	18.1	18.1

从表 2.2-6 中可知:作为一种新型的公路路基填料,泡沫轻质土的 CBR 值较大,远大于《公路路基设计规范》(JTG D30—2015)中对路基填料最小承载比的要求,足够满足泡沫轻质土作为路基填料最小强度的要求。同时通过最佳配合比 A5 中浸水条件下 CBR 值与非浸水条件下 CBR 值的比较可知,两者相差很小,说明浸水环境对泡沫轻质土的 CBR 值几乎没有影响。

结合表 2.2-5 中 28d 无侧限抗压强度的试验结果,建立以 28d 无侧限抗压强度为横坐标、CBR 值为纵坐标的函数关系,如图 2.2-5 所示。

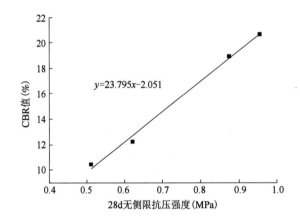

图 2.2-5 泡沫轻质土的 CBR 值与 28d 无侧限抗压强度的函数关系

由图 2.2-5 可知,泡沫轻质土的 CBR 值与 28d 无侧限抗压强度呈现良好的线性关系,泡沫轻质土的 CBR 值与 28d 无侧限抗压强度之间的力学关系式为:$CBR = 23.795f_{cu} - 2.051$,可通过 28d 无侧限抗压强度推算出泡沫轻质土的 CBR 值。

4)回弹模量

选取最佳配合比 A5 进行泡沫轻质土的回弹模量测定。建立以单位压力 p 为横坐标、回弹变形 l(加载读数与卸载读数的差值)为纵坐标的 p-l 曲线,如图 2.2-6 所示。

根据图 2.2-6 中的拟合方程,分别计算最佳配合比 A5 的各个试样回弹模量,见表 2.2-7。

泡沫轻质土的回弹模量   表 2.2-7

配合比编号	水固比	回弹模量(MPa)				
		试件 1	试件 2	试件 3	试件 4	平均值
A5	1:1.80	204	221	189	260	219

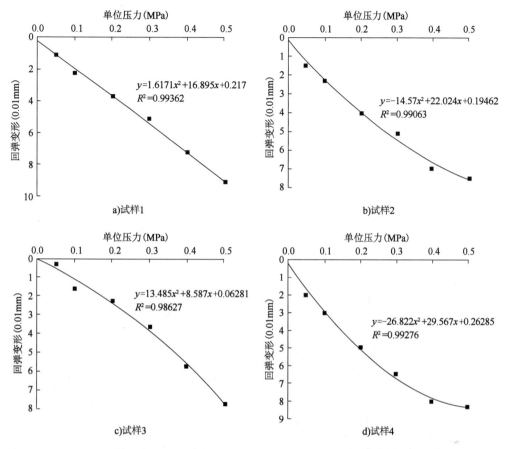

图 2.2-6 配合比 A5 的单位压力与回弹变形关系曲线

从表 2.2-7 中可知,与常规路基填料的回弹模量相比,泡沫轻质土的回弹模量更大,说明泡沫轻质土作为一种新型的公路路基填料,足够满足其承受外荷载作用的能力要求。

2.3 泡沫轻质土的耐久性能

泡沫轻质土作为一种新型的公路路基填料,在实际工程应用中,会受到许多外界因素的长期作用,比如:车辆荷载的循环作用、干湿循环作用、冻融循环作用、化学侵蚀作用等,其力学性能的稳定性势必会受到一定的影响。为了研究在不同外界因素作用下泡沫轻质土路基力学性能的稳定性,分别采取小梁疲劳试验、干湿循环试验、冻融循环试验对泡沫轻质土的疲劳性能、水稳定性能、冻融稳定性能进行系统分析。目前,将泡沫轻质土的疲劳性能、水稳定性能以及冻融稳定性能等统称为泡沫轻质土的耐久性,采用耐久性评价在不同外界因素作用下泡沫轻质土力学性能的稳定性。

2.3.1 疲劳性能

1）试验方法

从研究现状来看,材料的疲劳性能主要是通过周期较短、费用较低、开展较容易的室内小型疲劳试验进行分析研究。根据加载方式的不同,室内小型疲劳试验的方法可以分为很多种,主要包括直接拉伸试验、间接拉伸试验以及重复弯曲试验等。由于重复弯曲试验能够更好地模拟实际路基填料的受力情况,其试验结果可直接用于设计,因此,采用重复弯曲疲劳试验进行材料疲劳性能的研究更具有可行性和合理性。

综上所述,考虑其实际受力特征和工程应用的可行性,最终选择采用四点弯曲小梁疲劳试验,开展泡沫轻质土的疲劳性能研究。

2）试验仪器

试验采用澳大利亚 IPC 生产的 UTM-100 伺服液压多功能材料试验系统,该试验系统主要包括一个小梁加载设备、一个控制和数据采集系统、一个油泵以及一个气动系统,如图 2.3-1 所示。小梁加载设备主要是由一套夹具和计算机控制的加载部件所组成,其加载能力为 4.5kN±4N,加载频率在 5~10Hz 范围内。气动系统包括一个气泵、一个干燥箱以及一个储气罐,疲劳试验所需的压缩气体是由气泵所产生的,而气泵产生的压缩气体是通过干燥箱的干燥作用和储气罐的传导作用进入小梁夹具内部进行工作的。小梁疲劳试验的疲劳寿命(作用次数)是由控制和数据采集系统自动记录。

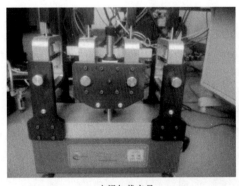
a)小梁加载夹具

b)控制和数据采集系统

图 2.3-1

c) 气泵

d) 干燥箱

e) 储气罐

f) 油泵

g) 疲劳试验室

图 2.3-1　UTM-100 材料试验设备

3）试件成型及养生

参照《公路工程沥青及沥青混合料试验规程》（JTG E20—2011）的试验要求，本次疲劳试验采用 380mm×63mm×50mm 的小梁试件。由于这种材料具有"轻质性"的特点，无法类似沥青混合料高温碾压成型为车辙板，因此专门研制了一个尺寸为 380mm×63mm×50mm 的六联排小梁试模，如图 2.3-2 所示。

选取最佳配合比 A5 进行小梁疲劳试验,按照最佳配合比 A5 浇筑成型为小梁试件,24h 后拆模,采用塑料袋将小梁试件封装,在室内标准养生 28d,养生后的试件如图 2.3-3 所示。

图 2.3-2　小梁试模　　　　　　　图 2.3-3　养生后的小梁试件

4）试验参数设计

疲劳试验参数的设计主要是一个模拟实际路基路面受力状况的过程,在试验条件允许、操作可行的基础上,通过选择合理、可行的试验参数(加载控制模式、加载频率、加载波形、断裂判断标准以及应力水平),使小梁疲劳试验能够更好地反映实际路基路面的受力状况。

(1)加载控制模式。

小梁疲劳试验的加载控制模式主要分为应力控制模式和应变控制模式两种。相关研究资料表明:不同的加载控制模式对材料的疲劳响应有较大的影响,疲劳寿命的预估方程也不同。对比两种加载控制模式可以发现:采用应力控制模式进行小梁疲劳试验,可以达到更强的再现能力,所需的试件数量较少,试验时间也较短;而采用应变控制模式进行小梁疲劳试验,试件通常不会出现明显的断裂破坏,一般以材料最终劲度下降到初始劲度的 50% 或更低时作为疲劳破坏的判断标准,具有较大的主观性与随意性,疲劳破坏定义不明确。

综上所述,对于泡沫轻质土这种材料,由于其破坏形式是脆性破坏,极限应变较小,因此,采用应力控制模式进行泡沫轻质土的小梁疲劳试验是比较合理和可行的。

(2)加载频率。

材料的疲劳寿命与加载频率有一定的关系,应根据实际路面所承受的行车荷载频率来决定。根据 Vander Poel 公式：$t = 1/2\pi f$，当加载频率 $f = 10\text{Hz}$ 时，则对应的行车荷载加载时间 $t = 0.016\text{s}$，相当于汽车行车速度为 $60 \sim 65\text{km/h}$，符合《公路工程技术标准》（JTG B01—2014）中一级公路的设计速度。因此，本试验采用 10Hz 的加载频率。

(3) 加载波形。

不同的加载波形（半正矢波、正弦波、矩形波、三角形波等）对材料的疲劳寿命也会产生一定的影响。对于加载波形的选择，也应该根据实际路面所承受的行车加载波形决定。由于行车荷载对路面产生的应力应变效应比较接近于正弦曲线，因此通常认为半正矢波或正弦波接近实际路面所产生的荷载波形。出于不利条件的考虑，同时受试验仪器的限制，采用应力控制模式对小梁进行加载时，只能选择正弦波进行加载。因此，本试验采用的加载波形为正弦波。

(4) 疲劳破坏的判断。

在泡沫轻质土的应力控制疲劳试验中，主要是通过试件的断裂来判断是否达到疲劳极限。当试件完全断裂时，相应的反弯点所加载的作用次数即为泡沫轻质土的疲劳寿命。

(5) 应力比。

应力比是指重复应力与一次加载所得的极限应力（即抗折强度）的比值，也称为应力水平。在四点弯曲小梁疲劳试验中，不同的应力比直接影响到泡沫轻质土的疲劳寿命，应力比的大小直接反映了小梁试件发生弯曲变形的程度，本质上代表了实际路面所承受的行车荷载大小。

关于应力比的选择，既不能太小，也不能太大。若应力比选择过小，则会造成试验周期过长，可操作性不强；若应力比选择过大，则试件很容易就发生疲劳破坏，容易低估实际受力条件下材料的疲劳性能。因此，应合理控制应力比的大小，选取的应力比分别为 0.5、0.6、0.7、0.8。

由于选取最佳配合比 A5 进行应力控制小梁疲劳试验，结合表 2.2-5 中抗折强度的试验结果，计算得施加荷载应力的峰值分别为 205kPa、246kPa、287kPa、328kPa。

综合上述分析，小梁疲劳试验的参数设计详见表 2.3-1。

小梁疲劳试验的参数设计　　　　　表 2.3-1

试验参数类型	参数值
加载控制模式	应力控制模式
加载频率	10Hz
加载波形	正弦波
疲劳破坏判断标准	试件完全断裂
应力比	0.5、0.6、0.7、0.8

5）试验步骤

选取最佳配合比 A5 进行小梁疲劳试验，同时为了保证试验数据的可靠性，应尽量成型足够多的小梁试件，本次试验每个应力比条件下的平行试件的个数为 5 个，即共进行 5 组试验，具体的试验步骤如下：

(1)启动 UTM-100 试验系统，先打开控制和数据采集系统，然后打开油泵，最后打开气动控制系统；

(2)将养生至 28d 的小梁试件轻轻放置在小梁加载夹具上，通过调节夹具上的力传感器、位移传感器以及试件表面传感器的水平位置，使小梁试件与夹具支座紧密接触；

(3)根据试验参数的设计，在计算机数据采集系统中，设定相关的试验参数，包括加载频率、加载波形、加载控制模式以及施加荷载的应力比等；

(4)进行小梁疲劳试验，在试验过程中应通过计算机数据采集系统观察试件相关数据的变化，并记录最终的疲劳作用次数（即疲劳寿命）；

(5)当试件完全断裂时，则说明小梁试件达到疲劳极限，疲劳试验结束；

(6)疲劳试验结束后，应及时关闭 UTM-100 试验系统，关闭的先后顺序与开启时的顺序正好相反；即先关气动控制系统，然后关油泵，最后关控制和数据采集系统。

6）试验结果及分析

选取最佳配合比 A5，根据上述的试验步骤，在不同应力比条件下，测得泡沫轻质土的疲劳寿命见表 2.3-2。

不同应力比条件下泡沫轻质土的疲劳寿命　　　表 2.3-2

应力比	疲劳寿命(作用次数)					
	第一组	第二组	第三组	第四组	第五组	平均组
0.5	193490	114810	68650	332400	253120	192494
0.6	44090	16800	26700	130310	69180	57416
0.7	4240	2290	1121	15840	8120	6322
0.8	410	210	112	1640	830	640

由表 2.3-2 试验结果可知，应力比对泡沫轻质土的疲劳寿命有显著的影响，随着应力比的增大，泡沫轻质土的疲劳寿命会逐级降低，并且泡沫轻质土的疲劳寿命具有很大的离散性。即使在同一应力比作用下，其疲劳寿命的离散性也较大，甚至相差十几倍；应力比越大时，其离散性也越大。

7）疲劳寿命预估模型

为了预测泡沫轻质土路基在依托工程中的实际疲劳寿命,首先对疲劳性能曲线进行概述,然后选取合适的疲劳寿命预估模型,建立泡沫轻质土的疲劳方程。

疲劳性能曲线主要分为 S-N 曲线和 ε-N 曲线两种类型,其中 S 代表应力水平(即应力比),ε 代表应变水平,N 代表材料的疲劳寿命。由于本试验研究泡沫轻质土的疲劳性能采用的是应力加载控制模式,因此,本试验采用 S-N 曲线来描述泡沫轻质土的应力水平 S 与其疲劳寿命 N 之间的函数关系。

S-N 曲线是描述材料疲劳行为的基本曲线,一般呈现横 S 形。S-N 曲线的形式主要分为指数函数型和幂函数型两种,也称为单对数函数型和双对数函数型。

(1)指数函数型(单对数函数型):

$$Ne^{aS} = c \tag{2.3-1}$$

对上式两边取对数可得:

$$aS + \lg N = \lg c \tag{2.3-2}$$

再将上式整理可得:

$$S = a - b\lg N \tag{2.3-3}$$

式中:S——应力比;

N——疲劳寿命;

a、b、c——材料参数。

从式(2.3-3)中可以看出,S-N 曲线在单对数坐标中呈现出良好的线性关系,参数 a 和 b 可以通过线性回归求得。

(2)幂函数型(双对数函数型):

$$S^a N = c \tag{2.3-4}$$

对上式两边取对数可得:

$$a\lg S + \lg N = \lg c \tag{2.3-5}$$

再将上式整理可得:

$$\lg S = a - b\lg N \tag{2.3-6}$$

从式(2.3-6)中可以看出,S-N 曲线在双对数坐标中也呈现出良好的线性关系,参数 a 和 b 也可以通过线性回归求得。

综上所述,无论是单对数坐标还是双对数坐标,S-N 曲线均呈现出良好的线性关系。根据数理统计学理论,为了保证大量疲劳寿命数据的可靠性,可以将试验数据按不同的

保证率 P 整理在 S-N 曲线上,称为 P-S-N 曲线。

本次试验选取的疲劳寿命预估模型为 S-N 曲线中的指数函数型和幂函数型两种形式,即分别采取单对数曲线和双对数曲线来分析泡沫轻质土的应力比 S 与其疲劳寿命 N 之间的函数关系,分别通过式(2.3-3)和式(2.3-6)来建立泡沫轻质土的疲劳方程。

8)疲劳寿命分布概率模型

由表 2.3-2 可知,泡沫轻质土的疲劳寿命具有很大的离散性。为了正确反映在不同应力比条件下疲劳寿命的变化规律,运用概率统计学和疲劳可靠性原理对泡沫轻质土的疲劳寿命进行合理研究。通常采用正态分布、对数正态分布以及威布尔分布对材料的疲劳寿命进行分析处理。

(1)正态分布。

正态分布又称为高斯分布,由于正态分布的概率密度函数在理论上推导比较简单,因此,在实际工程应用中,正态分布是最常见的一种分布函数。正态分布的概率密度函数表达式为:

$$f(N) = \frac{1}{\sqrt{2\pi}\sigma} e^{-\frac{(N-\mu)^2}{2\sigma^2}} \quad (-\infty < N < +\infty) \tag{2.3-7}$$

式中:N——疲劳寿命;

μ、σ——N 的平均值和方差。

从上式可知,正态分布存在一个明显的缺点,当随机变量 $N<0$ 时,其概率密度函数 $P(N<0) = \int_{-\infty}^{0} \frac{1}{\sqrt{2\pi}\sigma} e^{-\frac{(N-\mu)^2}{2\sigma^2}} dx > 0$,与实际情况不符,所以正态分布不适用于泡沫轻质土疲劳寿命的分布。

(2)对数正态分布。

对数正态分布是建立在正态分布的基础上,通常将正态分布的随机变量 N 进行对数变换为 $\ln N$,$\ln N$ 作为对数正态分布的随机变量,其概率密度函数表达式为:

$$f(\ln N) = \frac{1}{\sqrt{2\pi}\sigma_{\ln N}} e^{\left[-\frac{(\ln N - \mu_{\ln N})^2}{2\sigma_{\ln N}^2}\right]} \quad (-\infty < \ln N < +\infty) \tag{2.3-8}$$

式中:$\ln N$——疲劳寿命的对数;

$\mu_{\ln N}$、$\sigma_{\ln N}$——$\ln N$ 的平均值和方差。

从上式可知,将正态分布的随机变量 N 对数变换为 $\ln N$,可以将实数域区间 $(0,+\infty)$ 的值映射到整个实数域区间 $(-\infty,+\infty)$ 范围,有效避免了正态分布的缺点,与实际情况相符。但是对数正态分布也存在一定的缺点,当疲劳寿命 $N=0$,分布函数 $F(N)>0$;即存在少量的小梁试件在未经疲劳试验就已经破坏了。因此,采用对数正态分布对疲劳寿命进行处理,其结果偏保守。

(3)威布尔分布。

威布尔分布又称为韦伯分布,是由瑞典科学家 Weibull 提出的一种描述材料疲劳寿命的概率密度函数,一般分为三参数威布尔分布和两参数威布尔分布两种形式。其中,三参数威布尔分布的概率密度函数表达式为:

$$f(N) = \frac{b}{N_a - N_0}\left(\frac{N - N_0}{N_a - N_0}\right)^{b-1} \exp\left[-\left(\frac{N - N_0}{N_a - N_0}\right)^b\right] \quad (N_0 < N < \infty) \quad (2.3\text{-}9)$$

式中:N——疲劳寿命;

N_a——特征寿命参数;

N_0——最小寿命参数;

b——威布尔形状参数。

考虑到泡沫轻质土的疲劳寿命具有很大的离散性,为了计算更方便和试验结果更可靠,通常令最小寿命参数 $N_0 = 0$。当 $N_0 = 0$ 时,则可得两参数威布尔分布,其概率密度函数表达式为:

$$f(N) = \frac{b}{N_a}\left(\frac{N}{N_a}\right)^{b-1} \exp\left[-\left(\frac{N}{N_a}\right)^b\right] \quad (0 < N < \infty) \quad (2.3\text{-}10)$$

从式(2.3-9)和式(2.3-10)可知,与正态分布和对数正态分布相比,威布尔分布存在最小安全寿命,在极高可靠度范围内的安全寿命仍然符合疲劳破坏的实际情况。因此,在实际工程中,采用威布尔分布分析材料的疲劳寿命,其应用性和可靠性更强。

综上所述,通过对三种常用的疲劳寿命分布概率模型的介绍,对于泡沫轻质土这种材料,本次试验决定分别采用威布尔分布和对数正态分布对其疲劳寿命进行分析处理,从而得到相应的 S-N 曲线,建立相对应的疲劳方程。

9)基于威布尔分布的疲劳方程

采用两参数威布尔分布归纳分析泡沫轻质土的疲劳寿命。首先应检验泡沫轻质土的疲劳寿命是否服从两参数威布尔分布;若泡沫轻质土的疲劳寿命服从两参数威布尔分布,再借助数理统计学的方法绘制不同保证率的 S-N 曲线,建立基于威布尔分布的疲劳方程。

(1)威布尔分布检验。

根据式(2.3-10)中两参数威布尔分布的概率密度函数 $f(N)$,可求得威布尔分布函数 $F(N_p)$ 的表达式为:

$$F(N_p) = P(N_\xi < N_p) = \int_{N_\xi}^{N_p} f(N)\mathrm{d}N = \int_{N_\xi}^{N_p} \frac{b}{N_a}\left(\frac{N}{N_a}\right)^{b-1}\exp\left[-\left(\frac{N}{N_a}\right)^b\right]\mathrm{d}N \quad (2.3\text{-}11)$$

将上式积分得：

$$F(N_p) = P(N_\xi < N_p) = 1 - \exp\left[-\left(\frac{N}{N_a}\right)^b\right] \quad (2.3\text{-}12)$$

由于威布尔分布函数 $F(N_p)$ 代表试件的破坏率，则试件可靠度 P 的表达式为：

$$P = 1 - F(N_p) = \exp\left[-\left(\frac{N}{N_a}\right)^b\right] \quad (2.3\text{-}13)$$

将上式求导并在两边取两次对数，进行对数底数变换整理得：

$$-\ln\ln\left(\frac{1}{P}\right) = -2.303b\lg N_p + 2.303b\lg N_a \quad (2.3\text{-}14)$$

式中：P——试件的可靠度；

　　　N_p——保证率为 P 时的疲劳寿命；

　　　N_a——特征寿命参数；

　　　N_ξ——随机变量；

　　　b——威布尔形状参数。

由式(2.3-14)可知，在两参数威布尔分布中，$-\ln\ln\left(\dfrac{1}{P}\right)$ 与对数疲劳寿命 $\lg N_p$ 呈现出良好的线性关系。因此，通常可以利用式(2.3-14)来检验试验数据是否服从两参数威布尔分布。即通过对试验所得的疲劳寿命进行回归分析，如果相应的 $-\ln\ln\left(\dfrac{1}{P}\right)$ 与对数疲劳寿命 $\lg N_p$ 呈现出良好的线性关系，则说明该材料的疲劳寿命服从两参数威布尔分布。本试验采用作图法对泡沫轻质土的疲劳寿命是否服从两参数威布尔分布进行检验，具体检验步骤如下：

①将每个应力比条件下疲劳试件的疲劳寿命按从小到大的顺序进行排序，并依次编号为 $1,2,\cdots,n$。

②使用平均值对试件的保证率(也称为可靠度)P 进行排序，试件的保证率 P 的表达式为：

$$P = \left(1 - \frac{i}{n+1}\right) \times 100\% \quad (i = 1,2,\cdots,n) \quad (2.3\text{-}15)$$

式中：n——每个应力比下疲劳试件的总个数；

　　　i——疲劳试件的序号。

③对疲劳试件的疲劳寿命 N_i 取对数，绘制以对数疲劳寿命 $\lg N_i$ 为横坐标、$-\ln\ln\left(\dfrac{1}{P}\right)$ 为纵坐标的散点图，并且进行回归拟合。

④根据线性的拟合程度(即相关系数)判断泡沫轻质土的疲劳寿命是否服从两参数威布尔分布。

⑤如果泡沫轻质土的疲劳寿命服从两参数威布尔分布,则可根据拟合方程分别求出各保证率下的疲劳寿命,一般计算50%和95%保证率下的疲劳寿命。

⑥在同一保证率下,将所求得的不同应力比下的对数疲劳寿命进行线性拟合,所得的拟合方程即为该保证率下的疲劳方程。

综上所述,对表2.3-2中不同应力比条件下泡沫轻质土的疲劳寿命进行两参数威布尔分布检验,见表2.3-3、图2.3-4。

不同应力比下疲劳寿命的威布尔分布检验　　　表2.3-3

应力比 S	试件编号 i	疲劳寿命 N_i	对数疲劳寿命 $\lg N_i$	保证率 $P = 1 - \dfrac{i}{n+1}$	$-\ln\ln\left(\dfrac{1}{P}\right)$
0.5	1	68650	4.8366	0.8333	1.7020
	2	114810	5.0600	0.6667	0.9027
	3	193490	5.2867	0.5000	0.3665
	4	253120	5.4033	0.3333	-0.0940
	5	332400	5.5217	0.1667	-0.5832
0.6	1	16800	4.2253	0.8333	1.7020
	2	26700	4.4265	0.6667	0.9027
	3	44090	4.6443	0.5000	0.3665
	4	69180	4.8400	0.3333	-0.0940
	5	130310	5.1150	0.1667	-0.5832
0.7	1	1121	3.0496	0.8333	1.7020
	2	2290	3.3598	0.6667	0.9027
	3	4240	3.6274	0.5000	0.3665
	4	8120	3.9096	0.3333	-0.0940
	5	15840	4.1998	0.1667	-0.5832
0.8	1	112	2.0492	0.8333	1.7020
	2	210	2.3222	0.6667	0.9027
	3	410	2.6128	0.5000	0.3665
	4	830	2.9191	0.3333	-0.0940
	5	1640	3.2148	0.1667	-0.5832

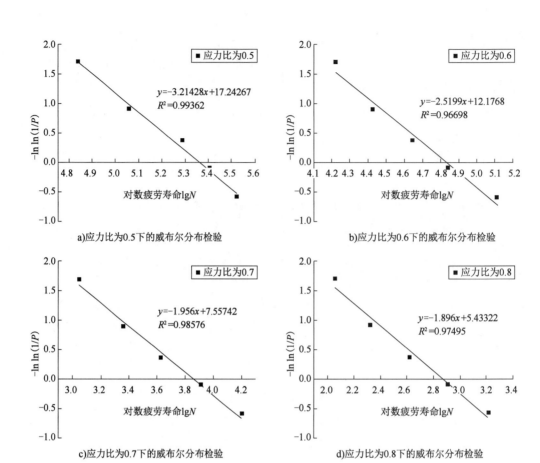

图 2.3-4　不同应力比下的威布尔分布检验

由图 2.3-4 可知,通过不同应力比下对数疲劳寿命 $\lg N$ 与 $-\ln\ln\left(\dfrac{1}{P}\right)$ 之间的线性拟合,得到其拟合方程的相关系数分别为 0.98881、0.96698、0.98576、0.97495,均在 0.96 以上,说明不同应力比下对数疲劳寿命 $\lg N$ 与 $-\ln\ln\left(\dfrac{1}{P}\right)$ 之间的线性关系显著,泡沫轻质土的疲劳寿命能较好地服从两参数威布尔分布,所以,可以采用两参数威布尔分布对泡沫轻质土的疲劳寿命进行分析处理。

(2)建立威布尔分布的疲劳方程。

由上述分析可知,泡沫轻质土的疲劳寿命较好地服从两参数威布尔分布。因此,根据图 2.3-4 中的拟合方程,可以分别求出不同应力比下任意保证率下的对数疲劳寿命 $\lg N$。本次试验只讨论保证率为 50% 和 95% 两种情况,计算结果见表 2.3-4、表 2.3-5。

基于威布尔分布不同应力比下不同保证率下的对数疲劳寿命（保证率为50%）　　表2.3-4

保证率 P	$-\ln\ln\left(\dfrac{1}{P}\right)$	不同应力比下的对数疲劳寿命			
		0.5	**0.6**	**0.7**	**0.8**
0.50	0.3665	5.2504	4.6869	3.6763	2.6723
0.95	2.9702	4.4404	3.6536	2.3452	1.2991

基于威布尔分布不同应力比下不同保证率下的对数疲劳寿命（保证率为95%）　　表2.3-5

保证率 P	$-\ln\ln\left(\dfrac{1}{P}\right)$	不同对数应力比下的对数疲劳寿命			
		−0.3010	**−0.2218**	**−0.1549**	**−0.0969**
0.50	0.3665	5.2504	4.6869	3.6763	2.6723
0.95	2.9702	4.4404	3.6536	2.3452	1.2991

根据表2.3-4和表2.3-5中数据，分别采取单对数曲线和双对数曲线来分析泡沫轻质土的应力比 S 与其疲劳寿命 N 之间的函数关系，绘制基于威布尔分布的 P-S-lg$N$ 曲线和 P-lg$S$-lg$N$ 曲线，如图2.3-5和图2.3-6所示。

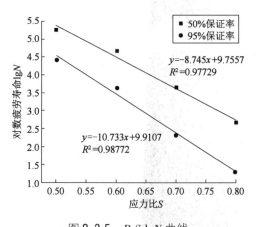

图2.3-5　P-S-lg$N$ 曲线

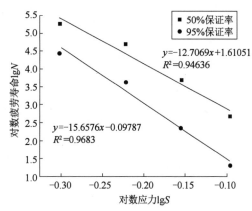

图2.3-6　P-lg$S$-lg$N$ 曲线

根据图2.3-5和图2.3-6的拟合方程，可分别得出基于威布尔分布保证率为50%和95%的泡沫轻质土单对数疲劳方程和双对数疲劳方程。

①50%保证率下单对数疲劳方程：

$$\lg N = 9.7557 - 8.745S \qquad (2.3\text{-}16)$$

②95%保证率下单对数疲劳方程：

$$\lg N = 9.9107 - 10.733S \qquad (2.3\text{-}17)$$

③50%保证率下双对数疲劳方程：

$$\lg N = 1.61051 - 12.70691\lg S \qquad (2.3\text{-}18)$$

④95%保证率下双对数疲劳方程：
$$\lg N = -0.09787 - 15.6576\lg S \tag{2.3-19}$$

式中：N——疲劳寿命；

S——应力比。

10）基于对数正态分布的疲劳方程

采用对数正态分布归纳分析泡沫轻质土的疲劳寿命，同样也应该先检验泡沫轻质土的疲劳寿命是否服从对数正态分布；如果泡沫轻质土的疲劳寿命服从对数正态分布，则再借助数理统计学的方法绘制不同保证率的 S-N 曲线，建立基于对数正态分布的疲劳方程。

(1) 对数正态分布检验。

根据式(2.3-8)对数正态分布的概率密度函数 $f(\ln N)$，可求得对数正态分布函数 $F(\ln N_p)$ 的表达式为：

$$\begin{aligned} F(\ln N_p) &= P(\ln N < \ln N_p) = \int_{\ln N}^{\ln N_p} f(\ln N) \mathrm{d}\ln N \\ &= \int_{\ln N}^{\ln N_p} \frac{1}{\sqrt{2\pi}\,\sigma_{\ln N}} \exp\left[-\frac{(\ln N - \mu_{\ln N})^2}{2\sigma_{\ln N}^2}\right] \mathrm{d}\ln N \end{aligned} \tag{2.3-20}$$

将上式进行正态分布标准化得：

$$F(\ln N_p) = P(\ln N < \ln N_p) = \phi\left(\frac{\ln N_p - \mu_{\ln N}}{\sigma_{\ln N}}\right) \tag{2.3-21}$$

由于 $\phi(z)$ 为单调递增函数，所以其反函数必存在。将上式两边取反函数，进行对数底数转换整理得：

$$\phi^{-1}[F(\ln N_p)] = \frac{2.303}{\sigma_{\ln N}} \lg N_p - \frac{\mu_{\ln N}}{\sigma_{\ln N}} \tag{2.3-22}$$

式中：$\lg N_p$——保证率为 P 的对数疲劳寿命；

$\mu_{\ln N}$、$\sigma_{\ln N}$——$\ln N$ 的平均值和方差；

$\phi(z) = \int_{-\infty}^{z} \frac{1}{\sqrt{2\pi}} \mathrm{e}^{-\frac{x^2}{2}} \mathrm{d}z$ ——标准正态分布函数。

由式(2.3-22)可知，在对数正态分布中，$\phi^{-1}[F(\ln N_p)]$ 与对数疲劳寿命 $\lg N_p$ 呈现出良好的线性关系。因此，通常可以利用式(2.3-22)来检验试验数据是否服从对数正态分布。即通过对试验所得的疲劳寿命进行回归分析，如果相应的 $\phi^{-1}[F(\ln N_p)]$ 与对数疲劳寿命 $\lg N_p$ 呈现出良好的线性关系，则说明该材料的疲劳寿命服从对数正态分布。同样采用作图法对泡沫轻质土的疲劳寿命是否服从对数正态分布进行检验，具体检验步骤与威布尔分布检验类似。

综上所述，对表2.3-2中不同应力比条件下泡沫轻质土的疲劳寿命进行对数正态分布检验，见表2.3-6、图2.3-7。

不同应力比下疲劳寿命的对数正态分布检验　　　表2.3-6

应力比 S	试件编号 i	疲劳寿命 N_i	对数疲劳寿命 $\lg N_i$	保证率 $P = 1 - \dfrac{i}{n+1}$	$\phi^{-1}[F(\ln N_p)]$
0.5	1	68650	4.8366	0.8333	-0.9672
	2	114810	5.0600	0.6667	-0.7648
	3	193490	5.2867	0.5000	0.0000
	4	253120	5.4033	0.3333	0.7648
	5	332400	5.5217	0.1667	0.9672
0.6	1	16800	4.2253	0.8333	-0.9672
	2	26700	4.4265	0.6667	-0.7648
	3	44090	4.6443	0.5000	0.0000
	4	69180	4.8400	0.3333	0.7648
	5	130310	5.1150	0.1667	0.9672
0.7	1	1121	3.0496	0.8333	-0.9672
	2	2290	3.3598	0.6667	-0.7648
	3	4240	3.6274	0.5000	0.0000
	4	8120	3.9096	0.3333	0.7648
	5	15840	4.1998	0.1667	0.9672
0.8	1	112	2.0492	0.8333	-0.9672
	2	210	2.3222	0.6667	-0.7648
	3	410	2.6128	0.5000	0.0000
	4	830	2.9191	0.3333	0.7648
	5	1640	3.2148	0.1667	0.9672

由图2.3-7可知，通过不同应力比下对数疲劳寿命$\lg N$与$\phi^{-1}[F(\ln N_p)]$之间的线性拟合，得到其拟合方程的相关系数分别为0.91097、0.92463、0.9345、0.94911，均在0.91以上，说明不同应力比下对数疲劳寿命$\lg N$与$\phi^{-1}[F(\ln N_p)]$之间的线性关系显著，其疲劳寿命也能较好地服从对数正态分布，所以，也可以采用对数正态分布对泡沫轻质土的疲劳寿命进行分析处理。

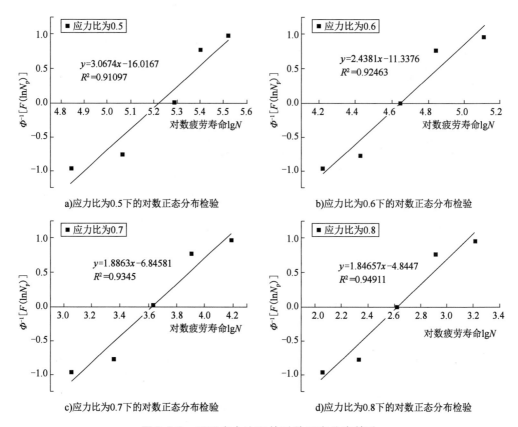

图 2.3-7 不同应力比下的对数正态分布检验

(2)建立对数正态分布的疲劳方程。

由上述分析可知,泡沫轻质土的疲劳寿命较好地服从对数正态分布。因此,根据图 2.3-7 中的拟合方程,可以分别求出不同应力比下任意保证率下的对数疲劳寿命 $\lg N$。以下只讨论保证率为 50% 和 95% 两种情况,计算结果见表 2.3-7 和表 2.3-8。

基于对数正态分布不同应力比下不同保证率下的对数疲劳寿命　　表 2.3-7

保证率 P	$\phi^{-1}[F(\ln N_p)]$	不同应力比下的对数疲劳寿命			
		0.5	0.6	0.7	0.8
0.50	0.0000	5.2216	4.6502	3.6292	2.6236
0.95	-1.6450	4.6853	3.9755	2.7571	1.7328

基于对数正态分布不同对数应力比下不同保证率下的对数疲劳寿命　　表 2.3-8

保证率 P	$\phi^{-1}[F(\ln N_p)]$	不同对数应力比下的对数疲劳寿命			
		-0.3010	-0.2218	-0.1549	-0.0969
0.50	0.0000	5.2216	4.6502	3.6292	2.6236
0.95	-1.6450	4.6853	3.9755	2.7571	1.7328

根据表 2.3-7 和表 2.3-8 中的数据，分别采取单对数曲线和双对数曲线来分析泡沫轻质土的应力比 S 与其疲劳寿命 N 之间的函数关系，绘制基于对数正态分布的 P-S-$\lg N$ 曲线和 P-$\lg S$-$\lg N$ 曲线，如图 2.3-8 和图 2.3-9 所示。

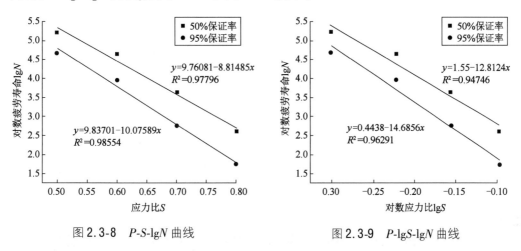

图 2.3-8　P-S-$\lg N$ 曲线　　　　图 2.3-9　P-$\lg S$-$\lg N$ 曲线

根据图 2.3-8 和图 2.3-9 的拟合方程，可分别得出基于对数正态分布保证率为 50% 和 95% 的泡沫轻质土单对数疲劳方程和双对数疲劳方程为：

① 50% 保证率下单对数疲劳方程：
$$\lg N = 9.7608 - 8.8149 S \tag{2.3-23}$$

② 95% 保证率下单对数疲劳方程：
$$\lg N = 9.837 - 10.0759 S \tag{2.3-24}$$

③ 50% 保证率下双对数疲劳方程：
$$\lg N = 1.550 - 12.8124 \lg S \tag{2.3-25}$$

④ 95% 保证率下双对数疲劳方程：
$$\lg N = 0.4438 - 14.6856 \lg S \tag{2.3-26}$$

11）依托工程概况

依托工程位于广佛江快速通道江门段一标段，包括西环路隧道以北路段（主线 K3+550～K18+143）和鹤山连接段（LK0+000～LK5+853），路线全长 20.446km，其中软土地基路段总长 3.403km。根据初勘资料，本项目最大软土深度为 19.0m 左右，分布于 K10+600～K11+000 之间，其余段深度在 5.0～16.0m 之间，说明该项目总体软土地基厚度较大。针对该项目软土地基厚度大、软土工程性质差的特点，路基采用现浇泡沫轻质土填筑。

为了评价泡沫轻质土的疲劳寿命能否达到公路设计服务年限的要求，首先应确定泡沫轻质土路基的铺设位置,然后计算泡沫轻质土路基承受的汽车荷载应力,同时预测泡沫轻质土路基在依托工程中的疲劳寿命,最后将预测出的疲劳寿命(作用次数)与依托工程中全线交通量(作用次数)进行比较分析。

(1)泡沫轻质土路基的铺设位置。

本项目采用双向六车道一级公路标准建设,行车道为 $2\times3\times3.75m$,采用沥青混凝土路面,沥青混凝土路面结构及厚度分别为:

上面层:4cm 细粒式改性沥青混凝土(AC-13C);

中面层:5cm 中粒式沥青混凝土(AC-20C);

下面层:7cm 粗粒式沥青混凝土(AC-25C);

封层:1cm 沥青封透层;

基层:40cm 5%水泥稳定级配碎石;

底基层:20cm 4%水泥稳定级配碎石。

为了保护现浇泡沫轻质土路基,在底基层下面铺设 10cm 的 C25 混凝土板,作为现浇泡沫轻质土的保护层。因此,位于现浇泡沫轻质土路基顶面以上的路面结构及 C25 混凝土板的总厚度为 0.87m。

(2)依托工程的交通量及交通量组成。

根据依托工程工可报告交通量预测结果,交通量及其车型见表2.3-9~表2.3-12。

各特征年路段交通量预测表(单位:小型客车/日) 表2.3-9

路段	年份			
	2014	2020	2030	2034
一标段主线起点—鹤山连接线五洞立交	9285	14181	22410	24408
鹤山连接线五洞立交—江番高速公路立交	13362	20583	34021	37694
江番高速公路立交—新南路立交	14757	22836	37990	42274
新南路立交—江沙路路口	15995	24835	40665	45361
鹤山连接线五洞立交—规划过境公路路口	10486	16468	28689	32994
规划过境公路路口—鹤山大道路口	11386	17921	31250	35950

车型比例表(单位:%) 表2.3-10

年份	小型客车	中型客车	大型客车	小型货车	中型货车	大型货车	特大型货车
2014	52.90	2.88	3.63	9.72	21.78	4.61	4.48
2020	54.10	2.74	5.79	7.98	20.03	4.11	5.24
2030	56.53	2.53	7.43	5.92	17.43	3.27	6.90
2034	57.84	2.47	8.32	4.32	16.34	3.03	7.68

轴载谱　　　　　　　　　　　　表 2.3-11

车型	汽车型号	折算比重	路段					
			滨江大道—五洞立交	五洞立交—江番高速公路立交	江番立交—新南路立交	新南路立交—江沙路路口	五洞立交—过境公路路口	过境公路路口—鹤山路口
小型客车	CA630	0.553	5139	7395	8167	8852	5803	6301
中型客车	HK6911	0.026	247	355	392	425	278	302
大型客车	WK174A	0.063	584	841	929	1006	660	716
小型货车	CD130	0.070	649	933	1031	1117	732	795
中型货车	TD50	0.190	1754	2525	2788	3022	1981	2151
大型货车	130s	0.040	349	502	554	601	394	428
特大型货车	SP9250	0.061	564	812	896	972	637	692
合计		1	9285	13362	14757	15995	10486	11386

互通式立交之间累计轴载及弯沉　　　　　　表 2.3-12

序号	路段	累计轴载(次)	设计弯沉(0.01mm)
1	滨江大道立交—五洞立交	1.36×10^7	19.9
2	五洞立交—江番高速公路立交	1.97×10^7	20.7
3	江番高速公路立交—新南路立交	2.04×10^7	23.7
4	新南路立交—江沙路路口	2.38×10^7	20.1
5	五洞立交—规划过境公路路口	1.64×10^7	21.6
6	规划过境公路路口—鹤山大道路口	1.7×10^7	22.3

由上述交通量组成及分析可知,本项目沥青路面设计使用年限(15 年)内一个车道的累计当量轴次为：

$$\frac{(1.36 \times 4 + 1.97 \times 7 + 2.04 \times 4 + 2.38 \times 0.8 + 1.64 \times 2 + 1.7 \times 3.2) \times 10^7}{4 + 7 + 4 + 0.8 + 2 + 3.2} = 1.81 \times 10^7 (次)$$

(3)泡沫轻质土路基承受汽车荷载的作用。

汽车荷载在泡沫轻质土顶面产生的压应力 σ(按圆形轮迹)可按下式计算：

$$\sigma = \frac{p(1+\xi)}{\frac{\pi}{4}(d+2z\tan\theta)^2} \quad (2.3\text{-}27)$$

式中：p——单轮荷载(kN)；

ξ——冲击系数(一般取 0.3)；

d——当量圆直径(m);

z——路面面层到泡沫轻质土顶面的深度(m);

θ——压力扩散角。

出于不利条件的考虑,车轮荷载采用550kN车辆后轴的单轮荷载,即$p=35$kN;冲击系数$\xi=0.3$;单轮传压面当量圆直径$d=0.213$m;压力扩散角$\theta=30°$;$z=87$m。代入上式可得:

$$\sigma = \frac{p(1+\xi)}{\frac{\pi}{4}(d+2z\tan\theta)^2} = \frac{35\times(1+0.3)}{\frac{\pi}{4}(0.213+2\times0.87\times\tan30°)^2} = 39.1(\text{kPa})$$

12)泡沫轻质土路基疲劳寿命的预测

为了预测泡沫轻质土路基的实际疲劳寿命,应先计算泡沫轻质土实际承载的应力比,然后将实际应力比代入相应的疲劳方程中进行计算。由上述分析可知,泡沫轻质土承受的汽车荷载压应力$\sigma=0.0391$MPa,而最佳配合比A5的抗折强度为$f_\text{f}=0.205$MPa。因此,在依托工程中,泡沫轻质土路基实际承载的应力比为$S=\dfrac{\sigma}{f_\text{f}}=\dfrac{0.0391}{0.205}=0.191$。将实际应力比$S=0.191$代入式(2.3-16)~式(2.3-19)、式(2.3-23)~式(2.3-26)中,预测泡沫轻质土在依托工程中实际的疲劳寿命,其计算结果见表2.3-13。

泡沫轻质土实际疲劳寿命的预测　　　　表2.3-13

概率分布模式	预估模式	保证率(%)	疲劳方程	疲劳寿命(次)
威布尔分布	单对数曲线	50	$\lg N = 9.7557 - 8.745S$	1.217×10^8
		95	$\lg N = 9.9107 - 10.733S$	7.256×10^7
	双对数曲线	50	$\lg N = 1.61051 - 12.7069\lg S$	5.576×10^{10}
		95	$\lg N = -0.09787 - 15.6576\lg S$	1.444×10^{11}
对数正态分布	单对数曲线	50	$\lg N = 9.7608 - 8.8149S$	1.194×10^8
		95	$\lg N = 9.837 - 10.0759S$	8.175×10^7
	双对数曲线	50	$\lg N = 1.550 - 12.8124\lg S$	5.777×10^{10}
		95	$\lg N = 0.4438 - 14.6856\lg S$	1.005×10^{11}

由表2.3-13可知,泡沫轻质土的疲劳寿命无论是服从威布尔分布还是对数正态分布,其在依托工程中的预测值均大于实际工程中设计年限内累计当量标准轴载数(1.81×10^7),说明采用最佳配合比A5配制出的泡沫轻质土,其疲劳性能足够满足公路设计服务年限的要求。

由表 2.4-13 还可以得知,同种预估模式、同种保证率条件下,基于威布尔分布疲劳方程预测出的实际疲劳寿命与基于对数正态分布疲劳方程预测出的实际疲劳寿命十分接近,说明对于泡沫轻质土这种材料,无论是采用威布尔分布还是对数正态分布分析其疲劳寿命,两种方法的应用性和可靠性都很强。

通过疲劳寿命预估模式的比较,可得知:无论是威布尔分布还是对数正态分布,对于单对数疲劳方程,在 50% 保证率下预测出的疲劳寿命均大于 95% 保证率下的预测值;而对于双对数疲劳方程,在 50% 保证率下预测出的疲劳寿命均小于 95% 保证率下的预测值。说明采用单对数曲线分析泡沫轻质土的疲劳寿命,其预测结果在 95% 保证率下更偏于保守;而采用双对数曲线分析泡沫轻质土的疲劳寿命,其预测结果在 50% 保证率下更偏于保守。

2.3.2 水稳定性能

在南方多雨地区,由于降雨和地下水水位的变化,路基会长期处于水的环境中,并且受到水的侵蚀作用,路基强度会受到一定的影响,甚至会造成沉陷和翻浆等公路病害。因此,为了确保整个公路工程具有较好的使用寿命和耐久性能,就要求路基应具有较好的水稳定性能。

水稳定性能是指路基受水侵蚀后,抵抗水的作用对其性能产生不利影响的能力,一般用水稳定系数表征。水稳定系数越大,说明路基的水稳定性能越好。泡沫轻质土用作公路路基填料时,在工程建设和运营期间,不可避免地会与水接触,受到雨水的侵蚀和地下水水位变化的影响,因此,要求泡沫轻质土应具有较好的水稳定性能。由于泡沫轻质土是一种多孔隙材料,内部大量孔隙的存在是否会对其水稳定性能产生更不利的影响,需要进行进一步的研究。并且泡沫轻质土在水侵蚀作用下性能的好坏,将直接影响到其在南方多雨地区的应用性和适用性。因此,开展泡沫轻质土水稳定性能的研究是一项十分有意义的课题,尤其是将泡沫轻质土应用于多雨区路基的填筑。

1) 试验方案

水稳定性能是评价泡沫轻质土耐久性的一项重要性能指标。本次试验采用干湿循环试验来研究泡沫轻质土的水稳定性能,通过室内干湿循环来模拟水的侵蚀作用,对其水稳定性能进行评价。为了试验开展更简便,参照《蒸压加气混凝土性能试验方法》中的试验方法,分别选取配合比为 A3、A5、A7 以及 A9 进行泡沫轻质土的水稳定性能测定。

2）试验结果及分析

测得泡沫轻质土的水稳定性能试验结果，见表2.3-14。

泡沫轻质土的水稳定性能试验结果　　　表2.3-14

配合比编号	水固比	28d 标准养生后的无侧限抗压强度（MPa）	5次干湿循环后的无侧限抗压强度（MPa）	水稳定系数
A3	1:1.70	0.512	0.365	0.713
A5	1:1.80	0.621	0.488	0.787
A7	1:1.90	0.874	0.739	0.845
A9	1:2.00	0.956	0.863	0.902

由表2.3-14可知，干湿循环造成了泡沫轻质土无侧限抗压强度的降低，并且其水稳定系数随着水固比的减小而逐渐增大。泡沫轻质土内部富含大量的气孔，在干湿循环作用下，其土体自身和内部孔隙中的水分受环境稳定的影响会发生较大的改变，干湿循环产生的应力会不断破坏泡沫轻质土的内部气孔壁，故泡沫轻质土的无侧限抗压强度在干湿循环作用下会降低。当泡沫轻质土的水固比减小时，其内部水泥相对含量增加、相应的孔隙减少，土骨架也就越紧密，则泡沫轻质土抗干湿开裂的能力就越强。因此，水固比越小时，泡沫轻质土的无侧限抗压强度损失率就越小，即水稳定性系数越大。

从表2.4-14中还可以得知，4种配合比下的泡沫轻质土的水稳定系数依次为0.713、0.787、0.845、0.902，其水稳定系数均大于0.7。说明泡沫轻质土内部虽然含有大量的气孔，但其吸水能力是有限的，故泡沫轻质土的水稳定性较好，能够满足泡沫轻质土在干湿循环作用下的耐久性要求。

2.3.3 冻融稳定性能

在季节性冰冻地区或多年冻土地区，由于水温的变化，路基会受到周期性冻融作用，路基强度会显著下降，甚至会造成冻胀与翻浆等公路病害。因此，为了确保整个公路工程具有较好的使用寿命和耐久性能，就要求路基应具有较好的冻融稳定性能。

冻融稳定性能就是指路基抵抗周期性冻融作用对其性能产生不利影响的能力，通常采用冻融稳定系数表征。冻融稳定系数越大，说明路基的冻融稳定性能越好。泡沫轻质土作为一种新型的公路路基填料，由于其结构的特殊性，内部含有大量的孔隙是否会对其冻融稳定性能产生更不利的影响，值得进行进一步的研究。并且泡沫轻质土在周期性冻融作用下性能的好坏,将直接影响到其在季节性冰冻地区和多年冻土地区的应用性和适用性。因此,开展泡沫轻质土冻融稳定性能的研究是一项十分有意义的课题。

1）试验方案

冻融稳定性能也是评价泡沫轻质土耐久性的一项重要性能指标。本次采用冻融循环试验来研究泡沫轻质土的冻融稳定性能,通过室内冻融循环来模拟周期性冻融作用,对其冻融稳定性能进行评价。为了试验开展更简便,参照《蒸压加气混凝土性能试验方法》（GB/T 11969—2020）中的试验方法,分别选取配合比 A3、A5、A7 以及 A9 进行泡沫轻质土的冻融稳定性能测定。

2）试验结果及分析

测得泡沫轻质土的冻融稳定性能试验结果,见表 2.3-15。

泡沫轻质土的冻融稳定性能试验结果　　　　表 2.3-15

配合比编号	水固比	28d 标准养生后的无侧限抗压强度（MPa）	5 次冻融循环后的无侧限抗压强度（MPa）	冻融稳定系数
A3	1∶1.70	0.512	0.343	0.671
A5	1∶1.80	0.621	0.437	0.704
A7	1∶1.90	0.874	0.645	0.738
A9	1∶2.00	0.956	0.78	0.815

由表 2.3-15 可知,冻融循环造成了泡沫轻质土无侧限抗压强度的降低,并且其冻融稳定系数随着水固比的减小而逐渐增大。泡沫轻质土是一种新型的多孔材料,在冻融循环的过程中,受环境温度的影响,其土体自身和内部孔隙中的水的含量和形态均发生了较大的变化,在泡沫轻质土内部产生温度应力。冻融循环产生的这种应力会不断地破坏泡沫轻质土内部的气孔壁,较薄的气孔壁若不足以抵抗这种应力就会发生破裂,气孔之间就会逐渐连通,从而导致泡沫轻质土的无侧限抗压强度在冻融循环作用下逐渐降低。当泡沫轻质土的水固比减小时,其内部水泥相对含量增加、相应的孔隙减少,土骨架也就越紧密,则泡沫轻质土抗冻融开裂的能力就越强。因此,泡沫轻质土的无侧限抗压强度损失率随着水固比的减小而逐渐减小,冻融稳定性系数则逐渐增大。

从表 2.3-15 中还可以得知,4 种配合比下的泡沫轻质土的冻融稳定系数依次为 0.671、0.704、0.738、0.815,其水稳定系数均大于 0.67。说明泡沫轻质土内部虽然含有大量的气孔,但泡沫轻质土的冻融稳定性较好,能够满足泡沫轻质土在冻融循环作用下的耐久性要求。

2.4 泡沫轻质土的微观结构

泡沫轻质土作为一种新型的人造轻质材料,在整个固-液-气三相体系中,其气态孔隙的大小和形状是最为重要的参数,它既决定了土中其他两项(固相、液相)物质的分布特征,也决定着土中固-液-气三相体系之间的联结关系和排列方式等微结构特征。此外,泡沫轻质土特殊的物理力学性能及耐久性能也是由其微观结构特性决定的。

通过对泡沫轻质土微观结构的研究,可以认识到这种材料的许多工程特性的本质,并且可以对其宏观强度表现与规律给予更科学的解释。因此,将选取部分不同配合比的泡沫轻质土样品,采用扫描电镜试验对其微观结构特性进行研究,并从微观结构的角度来进一步分析泡沫轻质土无侧限抗压强度的变化规律。

2.4.1 试验方案

1)试样制备

为了对比分析不同配合比对泡沫轻质土微观结构特性的影响,分别选取配合比 A3、A5、A7 以及 A9 作为 SEM 试验的样品,其原材料用量及基本物理力学性能指标测定值见表 2.4-1。

试验原材料用量及基本性能参数表　　表 2.4-1

配合比编号	水固比	配合比各组分				流值(mm)	湿重度(kN/m^3)	28d 无侧限抗压强度(MPa)
		水泥(kg/m^3)	粉煤灰(kg/m^3)	水(kg/m^3)	泡沫(kg/m^3)			
A3	1:1.70	253	108	212	26	209	5.29	0.512
A5	1:1.80	258	111	205	27	189	5.56	0.621
A7	1:1.90	263	113	198	27	172	6.11	0.874
A9	1:2.00	267	115	191	27	158	6.31	0.956

试样按照表 2.4-1 中的配合比成型,先将其成型为 100mm×100mm×100mm 的立方体试件,室内标准养生 28d 后,再截取出长度不超过 1cm、高度不超过 6mm 的样品作为微观结构扫描的试样。样品底部应尽量切平,并采用吸尔球轻轻地吹去样品表层

扰动的颗粒,然后剪取双面胶贴到样品台的正面,将裁好的样品一个接一个贴紧在双面胶上,记录样品的样号与样品台对应的关系。为了得到清晰的图像,需要将截取好的样品放入日立 IB-3 型离子溅射仪中进行抽真空和镀金处理,持续 40min 左右,如图 2.4-1 所示。

图 2.4-1 样品真空和镀金处理

2)试验方法

扫描电镜试验(SEM)是指通过极细的电子束在样品表面进行扫描,然后收集激发出的二级电子束,形成信号反馈到显像管中,经过调节观测倍数、对比度、聚焦等处理可以显示出样品清晰的影像。

扫描电镜试验(SEM)是在西北大学地质系扫描电镜实验室进行的,设备型号为日立 S-570 型扫描电子显微镜,如图 2.4-2 所示。观测倍数分别选用 70 倍、140 倍、600 倍 3 种放大倍数。

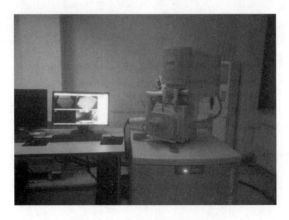

图 2.4-2 扫描电镜试验仪器

2.4.2 微观结构分析

1）整体性微观结构分析

选用 70 倍的放大倍数观测试样的整体微观结构，测得水固比分别为 1∶1.70、1∶1.80、1∶1.90、1∶2.00 时的泡沫轻质土微观结构图，如图 2.4-3 所示。

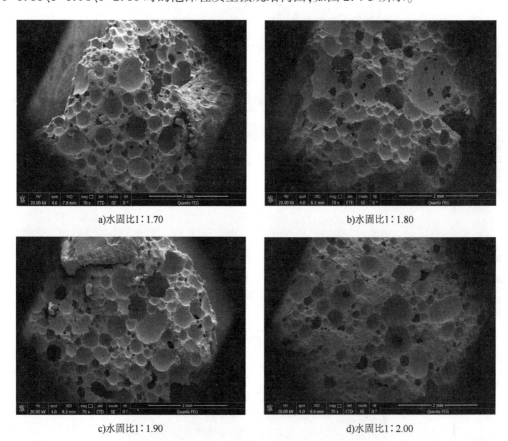

a）水固比 1∶1.70　　　　　　　　　b）水固比 1∶1.80

c）水固比 1∶1.90　　　　　　　　　d）水固比 1∶2.00

图 2.4-3　70 倍的放大倍数的微观结构图

从图 2.4-3 中可以清晰地看出，泡沫轻质土的土体内部分布着大量独立闭合的气孔，其气孔的形状多为圆形状，这些大小不同的气孔共同构成了泡沫轻质土的主体结构。对比不同水固比的微观结构图可知，不同的水固比对其气孔的大小、多少、分布等有着较大的影响。随着水固比的减小，泡沫轻质土气孔的数量会明显减少，孔径明显越细小，气孔贯通的程度越浅，孔壁越完整且坚实，内部结构整体也越密实。

由上述可知，泡沫轻质土的无侧限抗压强度随着水固比的减少而逐渐增大。从微观结构的角度分析,泡沫轻质土内部的气孔-孔壁结构是决定其无侧限抗压强度的关键,其中包裹着气孔的孔壁(即固相颗粒)是泡沫轻质土无侧限抗压强度的主要提供者。随着水固比的减小,泡沫轻质土土体内部结构越密实,孔壁越完整且坚实,气孔数目和孔径也越来越小。因此,泡沫轻质土的孔隙率显著降低,密实度增大,其无侧限抗压强度也会随之提高。

2）局部性微观结构分析

选用140倍的放大倍数观测试样的局部微观结构,测得水固比分别为1:1.70、1:1.80、1:1.90、1:2.00时的泡沫轻质土微观结构图,如图2.4-4所示。

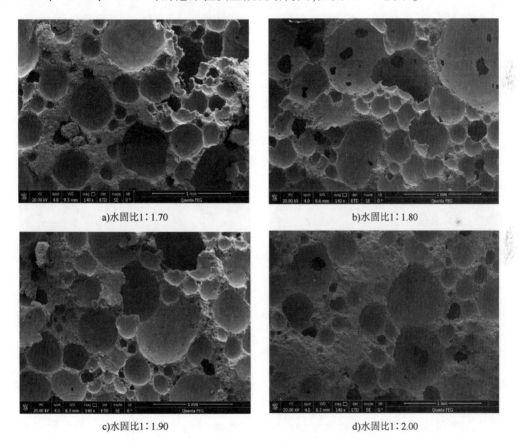

图 2.4-4　140倍的放大倍数的微观结构图

由图2.4-4可以更清晰地看出,当水固比较大时,泡沫轻质土内部存在较多已破损、架空的气体孔隙,孔壁结构极为不完整,气孔之间的固相联结体厚度较薄,固相物质所占的比例很小,故泡沫轻质土在宏观上所表现出的无侧限抗压强度显然较低;而当水固比较小时,泡沫轻质土内部具有良好且较完整的孔壁结构,几乎不存在架空孔隙,气孔之间的固相联结体厚度较大,固相物质所占的面积比例也相对较大,故泡沫轻质土在宏观上所表现的无侧限抗压强度较高。

3）代表性微观结构分析

选用 600 倍的高倍数观测试样的某些具有代表性部位微观结构,测得水固比分别为 1∶1.70、1∶1.80、1∶1.90、1∶2.00 时的泡沫轻质土微观结构图,如图 2.4-5 所示。

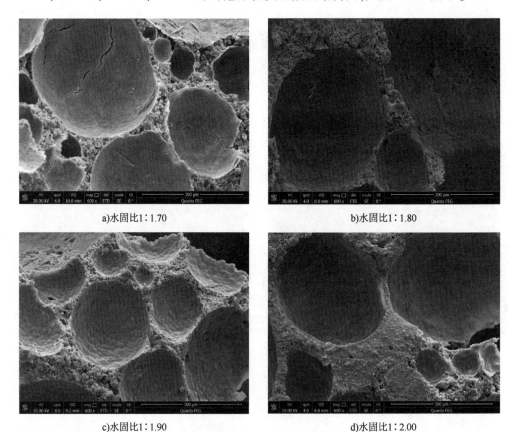

a）水固比1∶1.70　　　　　　　　b）水固比1∶1.80

c）水固比1∶1.90　　　　　　　　d）水固比1∶2.00

图 2.4-5　600 倍的放大倍数的微观结构图

由图 2.4-5 很明显地可以看出,泡沫轻质土内部存在极少量带针状的固体物质钙矾石。钙矾石是水泥水化反应所产生的产物。对比微观结构图可以得知,当水固比越大时,水泥物质结构越疏松,则有较大的空间生成钙矾石;而当水固比越小时,水泥物质结构越密实,气孔孔隙相对较少,则生成的钙矾石数量越少。因此,当水固比为 1∶1.70 时,泡沫轻质土内部生成了相对较多的钙矾石;而当水固比为 1∶2.00 时,泡沫轻质土内部几乎没有生成钙矾石。

第 3 章
CHAPTER 3

软土地基泡沫轻质土路基路面协同变形性状

我国软土地基分布极为广泛,在软土地基上修建各种工程结构物时,会由于软基的不均匀沉降,在路面结构内部产生附加应力,不均匀沉降值越大,其产生的附加应力也会越大。当不均匀沉降值超过某一限值时,路面结构就会因过大的附加应力和荷载应力叠加超过路面材料的强度而破坏,从而影响道路的使用。由于公路路基梯形的断面结构,地基沉降呈现中间大两侧小的沉降盆形式,因此,横断面上的差异沉降是必然存在的。泡沫轻质土浇注的路基属于整体性结构,地基沉降通过该种路基结构向上传递到路面结构之后,横向沉降的差异势必减小,加之泡沫轻质土路基作用下地基的沉降量小,所以泡沫轻质土路基对地基不均匀沉降应有更大的适应性。目前国内外关于软土地基不均匀沉降对泡沫轻质土路基路面应力产生的影响研究工作较少,因此,开展软土地基泡沫轻质土路基路面协同变形性状研究具有重要意义。

本章基于软土固结理论,采用理论分析、数值模拟等方法,对比分析不同影响因素下软土地基沉降和泡沫轻质土路基变形之间的关系规律,揭示泡沫轻质土路基对软土地基横向不均匀沉降的行为反应,并提出诸多因素综合影响下不均匀沉降路面附加应力计算公式,以实现最大程度发挥泡沫轻质土路基减小及均化差异沉降的作用。

3.1 泡沫轻质土路基下软土地基横向不均匀沉降分析

采用有限元 ABAQUS 软件建立软土地基固结沉降有限元模型。在分析当中,模型按平面应变问题来进行研究,路面面层结构选择弹性模型,泡沫轻质土路堤填土、一般路堤填土和地基土的本构关系采用 Mohr-Coulomb 理想弹塑性本构模型模拟,设置模拟路堤和路面实际填筑过程以及固结的分析步,分析施工不同阶段以及土体固结 15 年后地基的不均匀沉降及其对路面结构的影响。

1) 模型几何尺寸

有限元模型截取整幅路断面进行分析,路面宽度为 35m,上、下面层厚度分别取为 4cm 和 8cm,基层和底基层厚度分别取为 36cm 和 20cm,垫层厚度为 15cm,路基高度为 10m,其中上部路基为泡沫轻质土,下部为一般填土。路基边坡坡率为 1∶1.5,地基宽度 120m,厚度 26.5m,其中素土厚度为 3m,粉质黏土 1.2m,淤泥厚度为 6.8m,细砂厚度 6.9m,砂质黏土厚度为 5.4m,全风化花岗岩厚度为 3.2m。有限元模型整体图如图 3.1-1 所示。

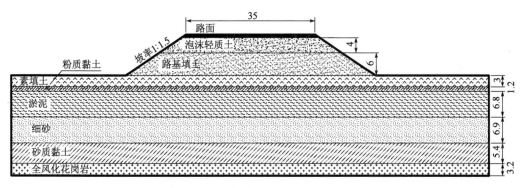

图 3.1-1　有限元模型整体图(尺寸单位:m)

2）材料参数

路面材料具有良好的线弹性特征,因此路面面层结构选择弹性模型,而路基特别是软土具有明显的非线性,采用线弹性和实际情况差别很大,Mohr-Coulomb 弹塑性具有适应性好、参数简单等特点,综合考虑针对软土地基沉降这一具体问题和现有参数等因素,路堤土和地基土采用 Mohr-Coulomb 本构模型,结合地质勘察报告和相关文献,材料参数取值见表 3.1-1。

材料参数取值　　　　　　　　表 3.1-1

层位	密度(kg/m³)	弹性模量(MPa)	泊松比	黏聚力(kPa)	内摩擦角(°)
上面层	2420	1200	0.35	—	—
下面层	2410	1000	0.3	—	—
基层	2360	1300	0.35	—	—
底基层	2350	1000	0.25	—	—
垫层	2320	150	0.3	—	—
泡沫轻质土	600	300	0.25	250	6
一般填土	1830	20	0.4	29.3	36.5
素土	1830	10	0.4	35	18
粉质黏土	1900	15	0.3	16.8	12.7
砂土	1850	10	0.3	0	24
砂质黏土	1920	10	0.3	30.1	15.7
全风化花岗岩	1820	15	0.3	24.8	14.9

3）计算结果分析

通过改变泡沫轻质土置换厚度来分析不同路基形式下地基横向不均匀沉降规律，分别计算泡沫轻质土厚度为2、4、6、8、10m时地基不均匀沉降。

（1）不同路基结构不均匀沉降分析。

在路面施工完成15年后，不同路基方案下道路沉降云图如图3.1-2～图3.1-6所示。由计算结果可知，不同路基结构中地基顶部最大沉降分别为68.96cm、56.37cm、44.96cm、34.12cm、23.72cm，随着泡沫轻质土置换厚度的增加，地基最大沉降逐渐减小；泡沫轻质土路堤的沉降比一般填土路堤沉降要小很多，因此，采用泡沫轻质土可以有效减小路堤的工后沉降。从图中可以看出，不同置换厚度下地基横向沉降呈盆状，路堤中部沉降最大，两端沉降最小；采用泡沫轻质土路堤可以有效减小地基的总沉降和不均匀沉降。

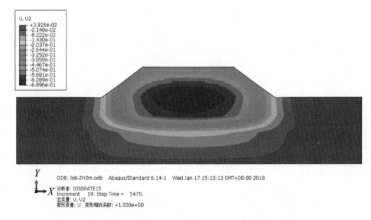

图3.1-2　置换2m固结15年后沉降云图

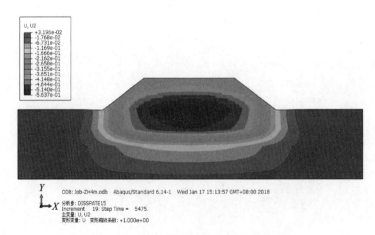

图3.1-3　置换4m固结15年后沉降云图

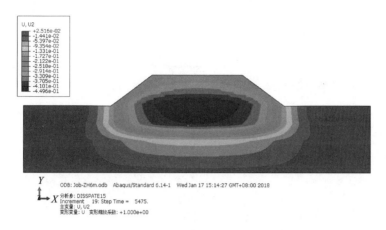

图 3.1-4　置换 6m 固结 15 年后沉降云图

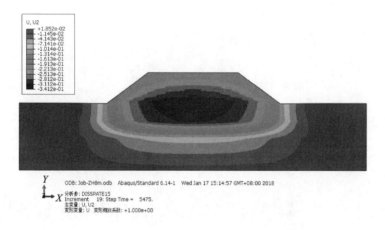

图 3.1-5　置换 8m 固结 15 年后沉降云图

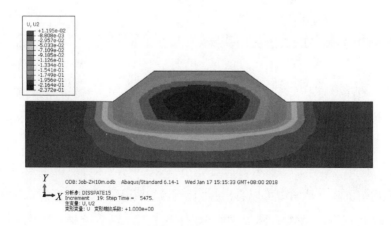

图 3.1-6　置换 10m 固结 15 年后沉降云图

(2) 不同时期地基沉降规律分析。

分析从路面竣工到固结 15 年后之间,不同置换厚度下不同时期的地基顶部中心位置沉降,如图 3.1-7 所示。从图中可以看出,不同置换厚度相同时期沉降值不同,随着置换厚度增加,地基沉降值不断减小;各置换厚度前期沉降速率较大,随着时间的增加,沉降越来越小趋于稳定;但不同置换厚度趋于稳定的时间也不同,泡沫轻质土置换厚度越大,地基最终沉降越快趋于稳定;泡沫轻质土有助于减小地基的沉降速率和最终沉降。

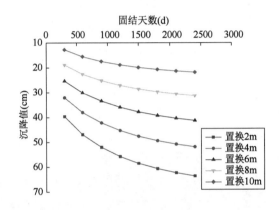

图 3.1-7　不同路基置换厚度地基顶部中心沉降

3.2　软土地基横向不均匀沉降对泡沫轻质土路基影响

3.2.1　不同泡沫轻质土置换厚度对地基和路基不均匀沉降影响

为了分析泡沫轻质土置换厚度对路基不均匀沉降的影响,设置路基填高为 10m,在控制其他参数不变的情况下,令泡沫轻质土置换厚度分别为 2m、4m、6m、8m、10m,分析泡沫轻质土厚度和路基顶部不均匀沉降关系。

图 3.2-1 和图 3.2-2 分别表示地基固结 15 年后不同泡沫轻质土置换厚度下地基和路基顶部不均匀沉降。从图中可以看出,两者不均匀沉降随路基宽度近似呈抛物线规律分布,最大不均匀沉降量发生在路堤中心位置;由于泡沫轻质土材料重度小、刚度大,采用泡沫轻质土路基置换土质路基能明显减小地基和路基顶部的不均匀沉降。

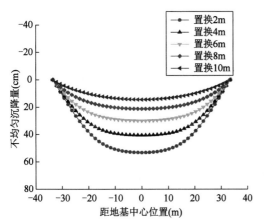
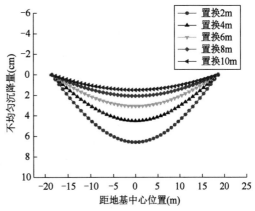

图 3.2-1　不同置换厚度地基顶部不均匀沉降　　图 3.2-2　不同置换厚度路基顶部不均匀沉降

图 3.2-3 和图 3.2-4 为泡沫轻质土路基置换厚度和地基顶部、路基顶部最大不均匀沉降之间关系曲线，从图中可以看出，随着置换厚度的增加，路基和地基顶部最大不均匀沉降量均不断减小，近似呈线性关系。不同泡沫轻质土置换厚度下地基不均匀沉降和路基不均匀沉降的关系如图 3.2-5 所示，从图中可以看出，不同置换厚度下地基顶部不均匀沉降和路基顶部不均匀沉降之间近似呈线性关系，置换厚度的变化不会改变地基和路基之间不均匀沉降的关系规律。随着置换厚度的增加，地基和路基不均匀沉降均不断减小。不同置换厚度下路基顶部最大不均匀沉降量 y 和地基顶部最大不均匀沉降量 x 的回归方程为：$y = 0.1267x - 0.587$。

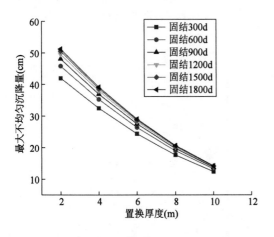
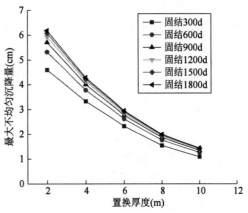

图 3.2-3　置换厚度和地基顶部最大不均匀沉降关系　　图 3.2-4　置换厚度和路基顶部最大不均匀沉降关系

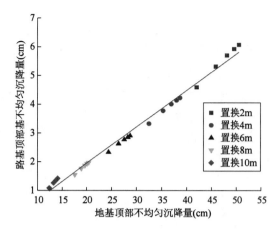

图 3.2-5 不同置换厚度下地基和路基不均匀沉降关系

3.2.2 不同泡沫轻质土填土高度下地基和路基不均匀沉降关系分析

为了分析泡沫轻质土填土高度对路基不均匀沉降的影响,路基全部采用泡沫轻质土材料,在控制其他参数不变的情况下,令泡沫轻质土路基填高分别为 2m、4m、6m、8m、10m,分析泡沫轻质土路基高度和路基顶部不均匀沉降关系。

图 3.2-6 和图 3.2-7 分别表示地基固结 15 年后,不同泡沫轻质土路基高度下地基和路基顶部不均匀沉降。从图中可以看出,两者不均匀沉降随路基宽度近似呈抛物线规律分布,最大不均匀沉降量发生在路堤中心位置;随着路基高度的增加,路基顶部最大不均匀沉降量逐渐减小,这是由于泡沫轻质材料的变形刚度比较大,抵抗变形的能力比较强,因此采用泡沫轻质土路基有助于减小路基的不均匀沉降。

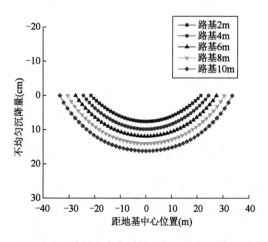

图 3.2-6 路基高度和地基顶部不均匀沉降关系

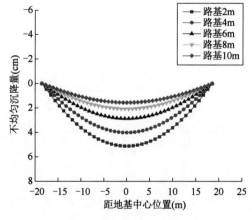

图 3.2-7 路基高度和路基顶部不均匀沉降关系

图 3.2-8 和图 3.2-9 分别为道路施工完成后不同固结天数泡沫轻质土路基高度和地基顶部、路基顶部最大不均匀沉降之间关系曲线。从图中可以看出,不同固结天数下,泡沫轻质土路基高度和地基顶部、路基顶部最大不均匀沉降近似呈线性关系,随着路基高度的增加,地基顶部最大不均匀沉降量不断增大,路基顶部最大不均匀沉降量不断减小。不同路基高度下路基顶部最大不均匀沉降量 y 和地基顶部最大不均匀沉降 x 线性回归方程见表 3.2-1。

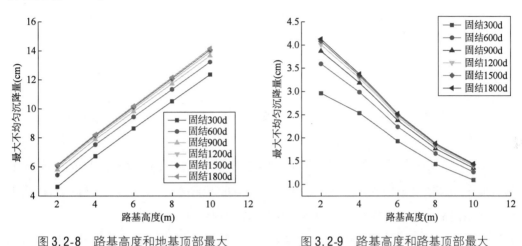

图 3.2-8　路基高度和地基顶部最大不均匀沉降关系　　　图 3.2-9　路基高度和路基顶部最大不均匀沉降关系

地基顶部和路基顶部最大不均匀沉降量回归关系表　　　表 3.2-1

路基高度(m)	回归方程	相关系数 R^2
2	$y = 0.7755x - 0.62594$	1
4	$y = 0.5577x - 1.2198$	0.999
6	$y = 0.387x - 1.42346$	0.999
8	$y = 02701x - 1.4058$	0.999
10	$y = 0.1934x - 1.2995$	0.999

由上表结果可以看出,回归公式的斜率随路基高度的增大而减小,截距随路基高度的增大先增大后减小,斜率、截距与路基高度 h 的关系如图 3.2-10、图 3.2-11 所示。图 3.2-10 所示斜率与路基高度近似呈线性关系,对两者之间分别进行线性和二次函数回归,回归方程分别为: $a = -0.0726h + 0.8723$ 和 $a = 0.006h^2 + 0.1446h + 1.0403$。可以看出,斜率与路基高度之间更符合二次函数关系,并且相关系数也较大,在应用中可以近似认为两者之间呈线性规律。图 3.2-11 所示截距与路基高度关系图像近似呈二次抛物线,对两者之间二次函数回归,回归方程为: $b = 0.02896h^2 - 0.4242h + 0.0759$。

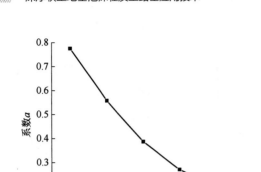
图 3.2-10 斜率与路基高度关系

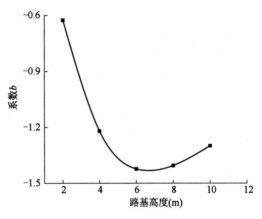
图 3.2-11 截距与路基高度关系

3.2.3 不同泡沫轻质土重度下地基和路基不均匀沉降关系分析

为了分析路基重度对路基不均匀沉降的影响,在控制其他参数不变的情况下,令泡沫轻质土路基重度分别为 $4kN/m^3$、$5kN/m^3$、$6kN/m^3$、$7kN/m^3$、$8kN/m^3$,分析不同路基重度下地基顶部不均匀沉降和路基顶部不均匀沉降关系。

图 3.2-12 和图 3.2-13 分别表示地基固结 15 年后不同路基重度下地基和路基顶部不均匀沉降。从图中可以看出,路基重度越大,路基和地基顶部产生的不均匀沉降越大。图 3.2-14 和图 3.2-15 分别为道路施工完成后不同固结天数路基重度和地基顶部、路基顶部最大不均匀沉降之间关系曲线。从图中可以看出,路基重度和地基顶部、路基顶部最大不均匀沉降均近似呈线性关系,随着重度的增加,地基和路基顶部最大不均匀沉降量不断增大。线性回归得到不同重度下路基顶部最大不均匀沉降量 y 和地基顶部最大不均匀沉降量 x 方程见表 3.2-2。

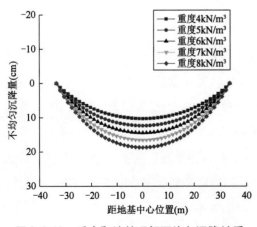
图 3.2-12 重度和地基顶部不均匀沉降关系

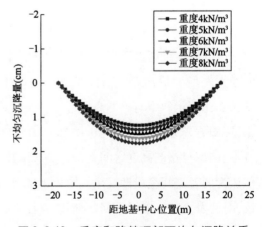
图 3.2-13 重度和路基顶部不均匀沉降关系

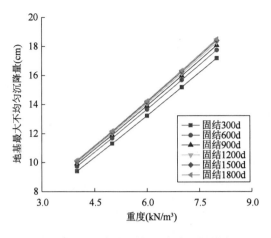

图 3.2-14 路基重度和地基顶部最大不均匀沉降量关系

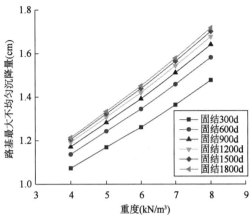

图 3.2-15 路基重度和路基顶部最大不均匀沉降量关系

不同重度下地基顶部和路基顶部最大不均匀沉降量回归关系表　　表 3.2-2

路基重度(kN/m^3)	回归方程	相关系数 R^2
4	$y = 0.193x - 0.744$	0.999
5	$y = 0.193x - 1.015$	0.999
6	$y = 0.193x - 1.294$	1
7	$y = 0.193x - 1.571$	0.999
8	$y = 0.193x - 1.846$	0.999

由表 3.2-2 中的回归结果可以看出，回归公式的斜率相同，截距随路基重度的增大而减小，截距 b 与路基重度 γ 的关系如图 3.2-16 所示，对两者之间进行线性回归，方程为：$b = -0.276\gamma + 0.361$。

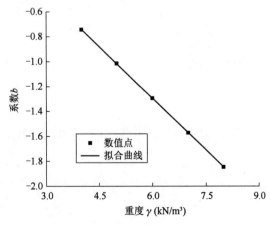

图 3.2-16 截距和重度关系

3.2.4 不同泡沫轻质土模量下地基和路基不均匀沉降关系分析

有限元中泡沫轻质土路基材料采用摩尔库伦本构模型,弹性模量是影响路基变形的主要参数。为了分析路基弹性模量对路基不均匀沉降的影响,在控制其他参数不变的情况下,令泡沫轻质土路基弹性模量分别为200MPa、250MPa、300MPa、350MPa、400MPa,分析不同路基弹性模量下地基顶部不均匀沉降和路基顶部不均匀沉降关系。

图 3.2-17 和图 3.2-18 分别表示地基固结 15 年后,不同路基重度下地基和路基顶部不均匀沉降。从图中可以看出,两者不均匀沉降随弹性模量近似呈抛物线规律分布,最大不均匀沉降量发生在路堤中心位置。图 3.2-19 和图 3.2-20 分别为道路施工完成后不同固结天数弹性模量和地基顶部、路基顶部最大不均匀沉降之间关系曲线,从图中可以看出不同固结天数下地基顶部和路基顶部最大不均匀沉降随弹性模量增加逐渐减小,但变化幅度不是很大。不同弹性模量下地基和路基不均匀沉降关系如图 3.2-21 所示,从图中可以看出,两者之间关系近似线性,随着弹性模量的增加,地基和路基不均匀沉降均逐渐减小,两者之间的回归方程为 $y = 0.207x - 1.476$。

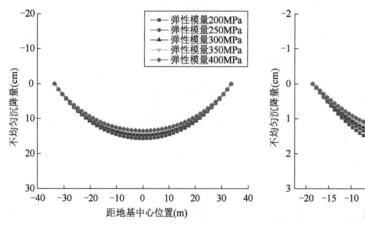 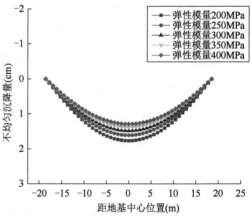

图 3.2-17　弹性模量和地基顶部不均匀沉降关系　　图 3.2-18　弹性模量和路基顶部不均匀沉降关系

3.2.5 不同路面宽度下地基和路基不均匀沉降关系分析

为了分析路面宽度对路基不均匀沉降的影响,在控制其他参数不变的情况下,令路面宽度分别为14m、21m、28m、35m、42m,分析不同路面宽度下地基顶部不均匀沉降和路基顶部不均匀沉降关系。

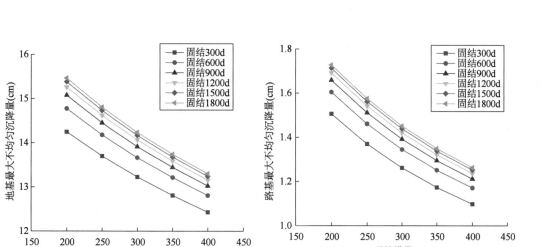

图 3.2-19　弹性模量和地基顶部最大不均匀沉降量关系

图 3.2-20　弹性模量和路基顶部最大不均匀沉降量关系

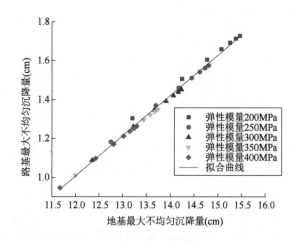

图 3.2-21　不同弹性模量下地基和路基不均匀沉降关系

图 3.2-22 和图 3.2-23 分别表示地基固结 15 年后,不同路面宽度下地基和路基顶部不均匀沉降。从图中可以看出,两者不均匀沉降随路基宽度近似呈抛物线规律分布,最大不均匀沉降量发生在路堤中心位置。图 3.2-24 和图 3.2-25 分别为地基固结 15 年后,路面宽度和地基顶部、路基顶部最大不均匀沉降之间关系曲线。从图中可以看出,地基顶部最大不均匀沉降随路面宽度增加而增大,但增加速率逐渐变小;路基顶部最大不均匀沉降随路面宽度增加而增大,但在路面宽度较小时增加速率较小,路面宽度到 21m 以后不均匀沉降速率变大,近似呈线性增长。线性回归得到不同路面宽度下地基顶部最大不均匀沉降量 x 和路基顶部最大不均匀沉降量 y 方程见表 3.2-3。

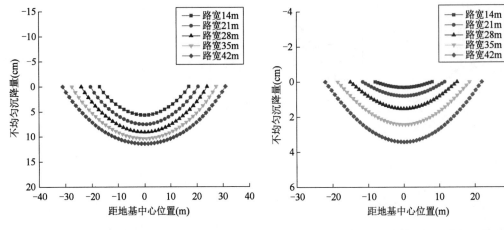

图 3.2-22　路面宽度和地基顶部不均匀沉降关系　　图 3.2-23　路面宽度和路基顶部不均匀沉降关系

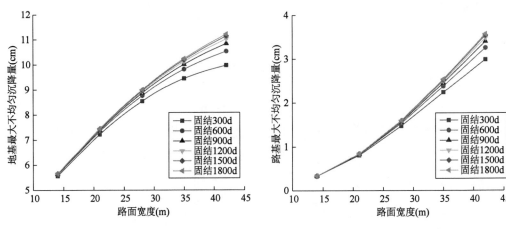

图 3.2-24　路面宽度和地基顶部最大　　　　　图 3.2-25　路面宽度和路基顶部最大
　　　　　不均匀沉降关系　　　　　　　　　　　　　　　不均匀沉降关系

不同路基高度下地基顶部和路基顶部最大不均匀沉降量回归关系表　　表 3.2-3

路面宽度(m)	回归方程	相关系数 R^2
14	$y = 0.052x + 0.038$	0.999
21	$y = 0.161x - 0.36$	0.999
28	$y = 0.281x - 0.93$	0.999
35	$y = 0.387x - 1.419$	0.999
42	$y = 0.475x - 1.753$	0.999

由表 3.2-3 中的回归结果可以看出，回归公式的斜率随路面宽度的增大而增大，截距随路基高度的增大先增后减，斜率、截距与路面宽度的关系如图 3.2-26 和图 3.2-27

所示。斜率 a 与路面宽度 B 近似呈线性关系，两者之间线性回归方程为 $a = 0.0153B - 0.158$；截距 b 与路面宽度 B 近似呈线性关系，两者之间线性回归方程为 $b = -0.066B + 0.792$。

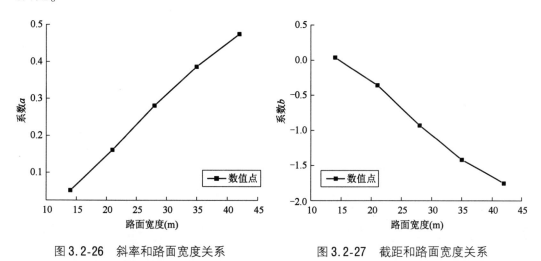

图 3.2-26　斜率和路面宽度关系　　　　图 3.2-27　截距和路面宽度关系

3.3　泡沫轻质土路基路面应力应变场变化规律协同分析

上文分析表明，在软土地基上修建道路会使路堤产生不均匀沉降。不均匀沉降的产生，会使路面结构产生较大的附加应力，附加应力的存在会加速路面结构的破坏。但是已有路面设计规范中没有考虑不均匀沉降对路面结构的影响，因此，分析路面结构在不同不均匀沉降量下的附加应力具有重要的意义。

3.3.1　简化计算模型的建立

在上节有限元模型的基础上，取路面结构进行分析，在路面底部直接施加位移荷载来代替地基和路堤固结沉降引起的不均匀沉降。通过上节数值分析和大量的工程观测资料可以得到，软土路基的横向不均匀沉降一般呈盆状，即在路堤横断面方向，路堤中心沉降量大，两侧沉降量小，可以假定路堤横向不均匀沉降用二次函数式(3.3-1)来表示：

$$y = -\delta(1 - x^2/L^2) \tag{3.3-1}$$

式中：δ——路堤顶部最大不均匀沉降量(cm)；

L——路堤顶部半幅宽度(m);

x——距路堤中心点的水平距离(m);

y——沿路面宽度任意点的不均匀沉降量(cm)。

为计算路面结构各层的附加应力,将路堤顶部沉降值作为已知位移荷载,并按二次函数 $y = -\delta(1 - x^2/L^2)$ 施加在路面底部的整个面上,位移边界条件采用用户子程序编写的程序进行施加,模型及位移荷载示意图如图 3.3-1 所示。

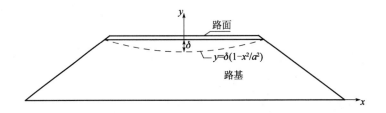

图 3.3-1 路面结构位移荷载示意图

3.3.2 沥青路面结构组合

由于不同地区地质地貌、温度变化、自然环境等有显著差异,而这些环境对路面组合设计有很大影响,因此针对不同的环境都有各自合适的路面组合形式。本章采用的软土地区路面结构组合和参数见表 3.3-1。

路面结构层及参数取值　　表 3.3-1

路面材料类型	层厚(cm)	层厚变化范围(cm)	模量(MPa)	模量变化范围(cm)
细粒式沥青混凝土	4	4	1200	1200
中粒式沥青混凝土	8	8	1000	1000
水稳碎石基层	36	26~46	1300	900~1700
水稳碎石底基层	20	20	1000	1000
级配碎石垫层	15	5~15	150	50~250

3.3.3 路面各结构层附加应力分析

从上节分析可知,地基固结 15 年后路基顶部不均匀沉降量为 5cm,在位移荷载中取 δ 为 5cm,路面结构各层弯拉应力有限元计算结果如图 3.3-2 所示。从图中可以看出,面层结构弯拉应力均为负值,处于完全受压的有利状态,基层部位受拉,上面层所受拉应力较小,下面层所受拉应力较大,最大拉应力处于下面层底部中心位置,为 0.089MPa。因此,在软基路面设计时,应该考虑不均匀沉降对路面结构层弯拉应力的影响。

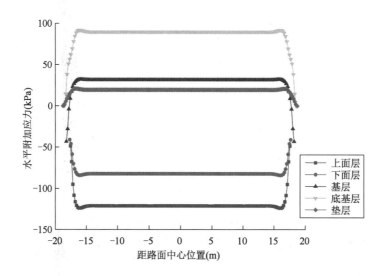

图 3.3-2　路面结构各层弯拉应力有限元计算结果

为了分析不均匀沉降量大小对路面各结构层弯拉应力的影响,分别取不均匀沉降量为 1cm、3cm、5cm、7cm。不同不均匀沉降量下各层弯拉应力如图 3.3-3 所示。从图中可以看出,各层的弯拉应力与不均匀沉降有良好的线性关系。各层的水平附加应力随不均匀沉降量的增加线性增大,其中面层结构处于完全受压的有利状态,基层结构处于受拉状态。当不均匀沉降量达到一定值后,由不均匀沉降引起的水平附加应力达到甚至超过荷载对基层附加应力的影响。因此,在软土地区进行路面设计时,有必要考虑不均匀沉降对路面附加应力的影响。地基固结 15 年后各面层最大水平拉应力值见表 3.3-2。

地基固结 15 年后各面层最大水平拉应力值　　表 3.3-2

路面结构	最大水平拉应力(kPa)
上面层	-124.07
下面层	-84.12
基层	31.92
下基层	91.63
垫层	20.72

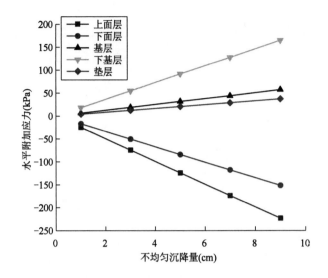

图 3.3-3　不同不均匀沉降量下各层弯拉应力

3.4 路基不均匀沉降影响下路面附加应力计算

选择基层模量、厚度，垫层模量、厚度，不均匀沉降量、路面宽度等影响路面附加应力的主要影响因素作为路面结构附加应力计算的主要参数，分别建立各参数与路面底部拉应力之间的关系式，并最终提出不均匀沉降下路面附加应力多因素通用计算公式。

3.4.1 基层参数对路面附加应力影响

为了分析基层材料参数的影响，采用分别单独改变基层的厚度、模量，控制其他参数，计算不同路面结构组合和不均匀沉降下基层底面的附加应力。具体计算参数取值为：路面宽度为 35m，不均匀沉降量为 5cm，基层厚度从 26~46cm，每 5cm 一级，基层模量从 900 至 1700MPa，每 200MPa 一级，其他结构层厚度与模量取值见表 3.4-1。通过统计分析基层模量和厚度与基层底面最大拉应力的关系曲线，得出基层参数与不均匀沉降引起的路面附加应力的回归关系式。

路面底部弯拉应力和基层模量、厚度的关系，如图 3.4-1、图 3.4-2 所示。

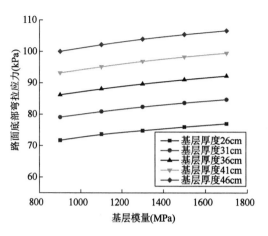 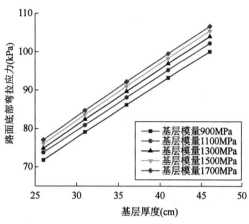

图 3.4-1 路面底部弯拉应力和基层模量关系　　图 3.4-2 路面底部弯拉应力和基层厚度关系

从图 3.4-1 和 3.4-2 可以看出,路面底部弯拉应力随基层模量和厚度的增加而线性增大。对不同基层厚度下的路面底部弯拉应力和基层模量关系进行线性回归,回归方程见表 3.4-1。

路面底部弯拉应力 $\sigma_{a,b}$ 和基层模量 E_A 回归关系表　　表 3.4-1

基层厚度(cm)	回归方程	相关系数 R^2
26	$\sigma_{a,b} = 0.00639 E_A + 66.348$	0.975
31	$\sigma_{a,b} = 0.007 E_A + 73.037$	0.985
36	$\sigma_{a,b} = 0.00747 E_A + 79.717$	0.987
41	$\sigma_{a,b} = 0.0079 E_A + 86.385$	0.986
46	$\sigma_{a,b} = 0.0082 E_A + 92.984$	0.982

由表 3.4-1 回归结果可以看出,回归公式的斜率和截距随基层厚度的增大而增大,斜率、截距与基层厚度的关系如图 3.4-3 和图 3.4-4 所示。

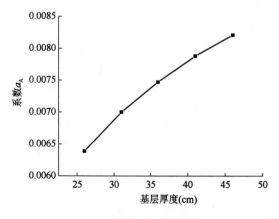 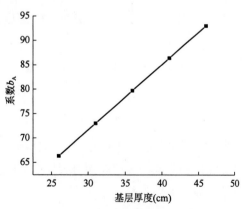

图 3.4-3 斜率与基层厚度关系　　　　　　图 3.4-4 截距与基层厚度关系

由图 3.4-3 所示,斜率与基层厚度近似呈线性关系,对两者之间进行线性回归,其线性回归方程为:

$$a_A = C_1 h_A + C_2 \tag{3.4-1}$$

式中:h_A——基层厚度(cm);

C_1、C_2——为 a_A 的回归系数。

通过回归可得:$C_1 = 9.04 \times 10^{-5}, C_2 = 4.14 \times 10^{-3}, R^2 = 0.982$。

同理,由图 3.4-4 所示,斜率与基层厚度近似呈线性关系,对两者之间进行线性回归,其线性回归方程为:

$$b_A = D_1 h_A + D_2 \tag{3.4-2}$$

式中:h_A——基层厚度(cm);

D_1、D_2——b_A 的线性回归系数。

通过回归可得:$D_1 = 1.332, D_2 = 31.729, R^2 = 0.999$。

因此,基层参数与路面底部拉应力之间的关系式为:

$$\sigma_{a,b} = a_A E_A + b_A \tag{3.4-3}$$

式中:$\sigma_{a,b}$——不均匀沉降引起的路面底部弯拉应力(MPa);

E_A——基层模量(MPa);

a_A——基层模量与路面底部弯拉应力线性回归式的斜率,$a_A = C_1 h_A + C_2$,$C_1 = 9.04 \times 10^{-5}, C_2 = 4.14 \times 10^{-3}$;

b_A——基层模量与路面底部弯拉应力线性回归式的截距,$b_A = D_1 h_A + D_2$,其中 $D_1 = 1.332, D_2 = 31.729$。

3.4.2 垫层参数对路面附加应力影响

为了分析垫层材料参数的影响,采用分别单独改变垫层的厚度、模量,控制其他参数,计算不同路面结构组合和不均匀沉降下基层底面的附加应力。具体计算参数取值为:路面宽度为35m,不均匀沉降量为5cm,垫层厚度从 5~25cm,每 5cm 一级,垫层模量从50至150MPa,每50MPa 一级,其他结构层厚度与模量取值见表3.3-1。通过统计分析垫层模量和厚度与基层底面最大拉应力的关系曲线,得出垫层参数与不均匀沉降引起的路面附加应力的回归关系式。

路面底部弯拉应力和垫层模量及厚度的关系如图3.4-5、图3.4-6 所示。

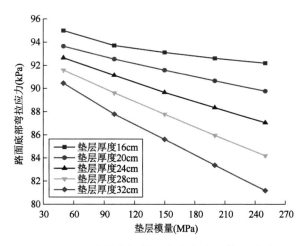

图 3.4-5　路面底部弯拉应力和垫层模量关系

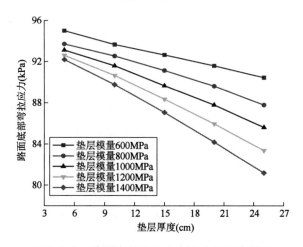

图 3.4-6　路面底部弯拉应力和垫层厚度关系

从图 3.4-5 中可以看出,路面底部弯拉应力随垫层厚度和模量增加而近似线性减小。对不同垫层模量下的路面底部弯拉应力和垫层厚度关系进行线性回归,回归方程见表 3.4-2。

路面底部拉应力 $\sigma_{c,d}$ 和垫层厚度 h_B 回归关系表　　　表 3.4-2

垫层模量(cm)	回归方程	相关系数 R^2
50	$\sigma_{c,d} = -0.0134 h_B + 95.33$	0.92
100	$\sigma_{c,d} = -0.019 h_B + 94.53$	0.998
150	$\sigma_{c,d} = -0.028 h_B + 93.96$	0.998
200	$\sigma_{c,d} = -0.037 h_B + 93.36$	0.999
250	$\sigma_{c,d} = -0.046 h_B + 92.561$	0.998

由表 3.4-2 中的回归结果可以看出,回归公式的斜率、截距随垫层模量的增大而增

大。斜率、截距与垫层模量的关系如图3.4-7、图3.4-8所示。

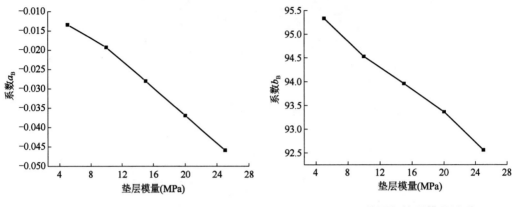

图3.4-7 斜率与垫层模量关系　　　　图3.4-8 截距与垫层模量关系

由图3.4-7所示,斜率与垫层模量近似呈线性关系,对两者之间进行线性回归,其线性回归方程为:

$$a_B = C_1 E_B + C_2 \tag{3.4-4}$$

式中:E_B——垫层模量(MPa);

C_1、C_2——a_B的回归系数。

通过回归可得:$C_1 = -0.00165, C_2 = -0.0039, R^2 = 0.993$。

同理,由图3.4-8所示,截距与垫层模量近似呈线性关系,对两者之间进行线性回归,其线性回归方程为:

$$b_B = D_1 E_B + D_2 \tag{3.4-5}$$

式中:E_B——垫层模量(MPa);

D_1、D_2——b_B的回归系数。

通过回归可得:$D_1 = -0.134, D_2 = 95.96, R^2 = 0.994$。

因此,垫层参数与路面底部拉应力之间的关系式为:

$$\sigma_{c,d} = a_B h_B + b_B \tag{3.4-6}$$

式中:$\sigma_{c,d}$——不均匀沉降引起的路面底部弯拉应力(MPa);

h_B——垫层厚度(cm);

a_B——垫层厚度与路面底部弯拉应力线性回归式的斜率,$a_B = C_1 E_B + C_2$,其中$C_1 = -0.00165, C_2 = -0.0039$;

b_B——垫层厚度与路面底部弯拉应力线性回归式的截距,$b_B = D_1 E_B + D_2$,其中$D_1 = -0.134, D_2 = 95.96$。

3.4.3 不均匀沉降量和路面宽度对附加应力影响

为了分析不均匀沉降量和路面宽度的影响,采用分别单独改变路面底部的不均匀沉降量和路面宽度,控制其他参数的方法计算不均匀沉降下基层底面的附加应力。具体计算参数取值为:路面宽度从 14~42m,每 7m 一级,不均匀沉降量从 1 至 9cm,每 2cm 一级,结构层厚度与模量取值见表 3.3-1。通过统计分析不均匀沉降量和路面宽度与基层底面最大拉应力的关系曲线,得出不均匀沉降量和路面宽度与不均匀沉降引起的路面附加应力的回归关系式。

路面底部弯拉应力和不均匀沉降量及路面宽度的关系如图 3.4-9、图 3.4-10 所示。

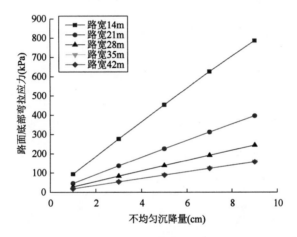

图 3.4-9 不均匀沉降量和路面底部弯拉应力关系

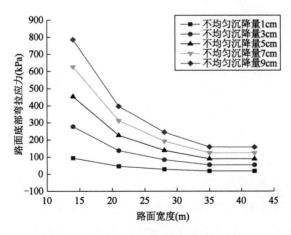

图 3.4-10 路面宽度和路面底部弯拉应力关系

从图 3.4-9 和图 3.4-10 中可以看出，路面宽度一定时，路面底部弯拉应力随路面底部不均匀沉降量增加而线性增大。随路面宽度增加而减小后趋于稳定。对不同路面宽度下的路面底部弯拉应力和不均匀沉降量关系进行线性回归，回归方程见表 3.4-3。

路面底部弯拉应力和不均匀沉降量回归关系表　　表 3.4-3

路面宽度(m)	回归方程	相关系数 R^2
14	$\sigma_{m,n} = 88.79\delta$	0.998
21	$\sigma_{m,n} = 44.5\delta$	0.999
28	$\sigma_{m,n} = 27.39\delta$	0.999
35	$\sigma_{m,n} = 17.75\delta$	0.999
42	$\sigma_{m,n} = 17.64\delta$	0.999

由表 3.4-3 中的回归结果可以看出，回归公式的斜率随路面宽度的增大而减小，斜率与路面宽度的关系如图 3.4-11 所示。

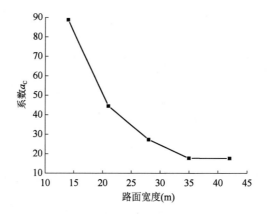

图 3.4-11　斜率和路面宽度关系

由图 3.4-11 所示，斜率与路面宽度近似呈多项式函数关系，对两者之间进行多项式回归，其回归方程为：

$$a_C = D_1 b^{D_2} \quad (3.4-7)$$

式中：b——路面宽度(m)；

D_1、D_2——a_C 的线性回归系数。

通过线性回归可得：$D_1 = 7039.9$，$D_2 = -1.659$，$R^2 = 0.995$。

因此，不均匀沉降量和路面厚度与路面底部拉应力之间的关系式为：

$$\sigma_{m,n} = a_C \delta \quad (3.4-8)$$

式中：$\sigma_{m,n}$——不均匀沉降引起的路面底部弯拉应力（MPa）；

δ——不均匀沉降量（cm）；

a_C——不均匀沉降量与路面底部弯拉应力线性回归式的斜率，$a_C = D_1 b^{D_2}$；D_1、D_2 分别为 a_C 的线性回归系数，$D_1 = 7039.9$，$D_2 = -1.659$。

3.4.4 不均匀沉降路面附加应力计算

前文分别通过回归得到基层参数、不均匀沉降量和路面宽度与路面附加应力的双因素关系式，在以上分析基础之上得出不均匀沉降下路面附加应力多因素综合计算公式如下：

$$\Delta\sigma = \sigma' K_A K_B K_C \tag{3.4-9}$$

式中：$\Delta\sigma$——不均匀沉降引起的路面底部弯拉应力（MPa）；

σ'——基层厚度 36cm、模量 1300MPa、垫层厚度 15cm、模量 150MPa、路面宽度 35m、不均匀沉降量 5cm 时不均匀沉降引起的路面底部拉应力（MPa）；

K_A——基层参数影响系数，$K_A = \dfrac{\sigma_{a,b}}{\sigma_{36,1300}}$；$\sigma_{a,b}$ 为基层厚度 a、模量 b 时路面底部拉应力（MPa）；

$\sigma_{36,1300}$——基层厚度 36cm、模量 1300MPa 时路面底部拉应力（MPa）；

K_B——垫层参数影响系数，$K_B = \dfrac{\sigma_{c,d}}{\sigma_{15,150}}$；$\sigma_{c,d}$ 为垫层厚度 a、模量 b 时路面底部拉应力（MPa）；

$\sigma_{15,150}$——垫层厚度 15cm、模量 150MPa 时路面底部拉应力（MPa）；

K_C——不均匀沉降量和路面宽度影响系数，$K_C = \dfrac{\sigma_{m,n}}{\sigma_{35,5}}$；

$\sigma_{m,n}$——路面宽度 m、不均匀沉降量 n 时路面底部拉应力（MPa）；

$\sigma_{35,5}$——路面宽度 35m、不均匀沉降量 5cm 时路面底部拉应力（MPa）。

式（3.4-9）即为不均匀沉降下路面附加应力多因素综合计算公式。通过该式可以计算求得不同基层参数、不均匀沉降量和路面宽度下不均匀沉降引起的路面底部拉应力。为方便实际应用中快速确定公式中各影响系数的取值，将不同参数取值代入以上公式，得到各影响系数的具体取值，见表 3.4-4～表 3.4-6。

系数 K_A 取值参考表　　　　　　　　　　　表 3.4-4

基层厚度(cm)	基层模量(MPa)				
	900	1100	1300	1500	1700
26	0.800	0.822	0.834	0.848	0.859
31	0.882	0.902	0.919	0.933	0.945
36	0.961	0.983	1.000	1.015	1.028
41	1.039	1.062	1.081	1.097	1.11
46	1.116	1.14	1.16	1.176	1.189

系数 K_B 取值参考表　　　　　　　　　　　表 3.4-5

垫层厚度(cm)	垫层模量(MPa)				
	50	100	150	200	250
5	1.060	1.045	1.039	1.033	1.028
10	1.044	1.032	1.022	1.010	1.001
15	1.033	1.016	1.000	0.985	0.971
20	1.022	0.999	0.979	0.959	0.939
25	1.009	0.979	0.955	0.930	0.906

系数 K_C 取值参考表　　　　　　　　　　　表 3.4-6

路面宽度(m)	沉降量(cm)				
	1	3	5	7	9
14	1.048	3.09	5.059	6.986	8.766
21	0.517	1.532	2.521	3.484	4.421
28	0.316	0.938	1.547	2.144	2.727
35	0.200	0.600	1.000	1.400	1.800
42	0.197	0.598	0.996	1.380	1.757

第 4 章
CHAPTER 4

泡沫轻质土路堤扶壁式挡土墙模型试验

依托工程广佛江快速通道江门段一标段,其挡土墙的结构形式为高扶壁式挡土墙(墙高大于10m),由于预压期被缩短,部分高挡土墙路段辅道被取消,墙体所受土压力发生了不利变化,挡土墙下复合地基承载力显著减小,进而可能引起挡土墙发生倾覆。为此,采用泡沫轻质土填筑扶壁式挡土墙,但对于高扶壁式挡土墙,墙后填土采用泡沫轻质土填筑,国内外对其研究很少,其受力及变形机理尚不明确,设计方法还有待于完善。因此,对泡沫轻质土填筑扶壁式挡土墙进行优化研究,掌握其受力及变形特征是十分必要的。

本章结合现有的挡土墙设计理论,采用自主研发的模型试验箱,揭示泡沫轻质土填筑扶壁式挡土墙的受力及变形特征,优化泡沫轻质土扶壁式挡土墙结构设计,并提出泡沫轻质土填筑扶壁式挡土墙土压力计算参数,为设计与施工提供技术支撑。

4.1 扶壁式挡土墙室内模型试验设计

室内缩尺模型试验相对于离心试验、现场试验而言,具有可操作性强、易重复、不受现场条件和设备限制等优点。对于影响因素多、作用机理复杂的支挡结构研究对象,易于通过调整试验参数和改变试验条件而集中研究其中一项或几项因素,从而揭示支挡结构工程问题的本质。依托工程中路堤扶壁式挡土墙的受力变形特性比一般支挡结构复杂,主要受到泡沫轻质土、扶壁、踵板、扶壁间距等多个因素的影响,使得挡土墙墙后土压力分布形式发生了改变,其受力机理尚不明确。本章采用自制的模型箱,对不同条件下,扶壁式挡土墙的受力及变形特性进行研究。

4.1.1 相似理论

扶壁式挡土墙模型试验研究属于用物理模拟方法来研究结构的受力、变形等问题。模型系统的物理量与原型相应的物理量之间的关系,应满足下面的相似定理。

(1)相似第一定理。

对于两个彼此相似的现象,其相似指标等于1;或者说其相似判据是一个定数。

(2)相似第二定理。

相似第二定理是费吉尔曼和布海金提出来的,其内容可表述为:当一现象由 n 个物理量的函数关系来表示,且这些物理量中含有 m 种基本量纲,则能得到 $(n-m)$ 个相似判据。

(3) 相似第三定理。

相似第三定理是基尔皮契夫提出来的,其内容是:凡是具有同一特性的现象,当单值条件(系统的几何性质、介质的物理性质、起始条件和边界条件等)彼此相似,且由单值条件的物理量所组成的相似判据在数值上是相等时,这些现象必定相似。

4.1.2 模型比例选择

模型试验首先要确定模型的比例尺,一般通过原型大小来确定。较小的模型只需要轻量级荷载,但物理量量测精度较高,其制作和装配仪器上难度增大。大比例模型易于制造,量测精度也易满足要求,但制作时间较长,要求有重型的加载设备,费用高。根据本项目原型结构的尺寸、土压力传感器的尺寸和量测精度,以及试验室空间、试验加载空间等影响因素,最终选定模型的比例尺 25∶1(实际尺寸∶模型尺寸),即模型试验的基础相似比为 25∶1。其结构弹性模型的相似关系见表 4.1-1。

结构弹性模型的相似关系　　　　表 4.1-1

试验类型	材料相似判据	挡土墙在自重和土压力作用下的相似判据
线弹性模型	(1) $C_\sigma/(C_L C_X)=1$	(6) $C_\gamma = C_\rho$
	(2) $C_\mu = 1$	(7) $C_\sigma = C_\gamma C_L$
	(3) $C_\varepsilon C_E/C_\sigma = 1$	(8) $C_\gamma C_L/C_E = 1$
	(4) $C_\varepsilon C_L/C_\delta = 1$	(9) $C_\delta = C_\gamma C_L^2/C_E$
	(5) $C_{\bar\sigma} = C_\sigma$	(10) $C_\varepsilon = 1$

对本次结构模型试验,首要的相似条件是满足表 4.1-1 中的式(3)、式(8)、式(10)。

4.1.3 模型材料的选取

1) 地基土及第一层填土材料的选取

由于该项目需要了解扶壁式挡土墙的土压力分布规律,考虑到黏土的性质复杂,试验中不利于控制黏土的参数,同时也为了简化材料参数对试验结果的影响以及试验的可重复性和可操纵性,选用砂土作为填土材料能够反映墙后土体的土压力分布。虽然砂土与模型材料并不是完全相似材料,但属于基本相似材料。

综上所述,选择重度相近砂土作为土层一及地基土的模型材料。在中交第一公路勘察设计研究院有限公司土工试验室完成所选中砂(晒干河砂过筛,过筛网格尺寸约为0.1in,约为2.54mm)的一系列物理力学试验,包括比重试验、最大(小)干密度试验(表4.1-2)、直剪试验、颗粒筛分试验及含水率试验等。其物理力学性质参数见表4.1-3。直剪试验是在应变控制式直剪仪上进行的,剪切速率为0.8mm/min,砂土的应力-应变关系、颗粒级配曲线和直剪试验结果如图4.1-1所示。

砂的干密度试验 表4.1-2

项目	最大干密度 ρ_{dmax} (g/cm³)	最小干密度 ρ_{dmax} (g/cm³)	实际干密度 ρ_d (g/cm³)	相对密实度 D_r	备注
均值	1.782	1.400	1.613	0.65	共进行3组筛分试验,取平均值

模型用砂筛分试验结果 表4.1-3

筛孔 (mm)	遗留筛上质量(g) 遗留筛上质量	遗留筛上质量(g) 累计筛土质量	分计筛余百分率 (%)	累计筛余百分率 (%)	通过百分率 (%)	备注
5	0	0	0.0	0.0	99.96	共进行3组试验,取平均值
2	18.33	18.33	9.17	9.17	90.79	
1	21.8	40.13	10.90	20.07	79.89	
0.5	57.2	97.33	28.60	48.67	51.29	
0.25	74.82	171.53	37.41	86.08	13.68	
0.075	26.7	198.23	13.35	99.43	0.53	
0	1.05	199.28	0.53	99.96	0	

根据《公路土工试验规程》(JTG 3430—2020)的相关规定,采用内插法对填料进行计算得:$d_{60}=0.6$mm,$d_{10}=0.15$mm,$d_{30}=0.34$mm,$C_u=4$,$C_c=1.28$,属于级配不良的中粗砂。其中,d_{60}为在粒径分布曲线上小于该粒径的土含量占总土质量的60%的粒径;d_{10}为在粒径分布曲线上小于该粒径的土含量占总土质量的10%的粒径;d_{30}为在粒径分布

曲线上小于该粒径的土含量占总土质量的 30% 的粒径;C_u 为不均匀系数;C_c 为曲率系数。

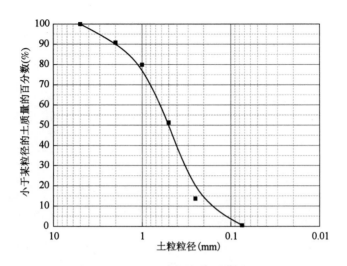

图 4.1-1　土颗粒级配曲线

从图 4.1-2 中可以看出,根据试验所绘抗剪强度与垂直压力曲线的关系可知,此试验的四个点近似为直线,垂直压力与抗剪强度近似呈线性关系,直线在纵坐标的截距近似为 0,直线的倾角近似为 35.8°,说明砂土的黏聚力 $c ≈ 0$,内摩擦角 $\varphi = 35.8°$(三组试验的平均值)。

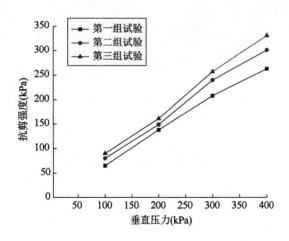

图 4.1-2　垂直压力与抗剪强度关系曲线

2）第二层填土材料的选取

第二层填料采用自制的泡沫轻质土,该泡沫轻质土是根据现场泡沫轻质土的配合比设计浇筑成型的,泡沫轻质土制备过程见 2.1 节。试验过程中主要运用的设备有搅拌机、发泡机和电子磅秤,如图 4.1-3 所示。

a)搅拌机　　　　　　　　　　　　b)发泡机

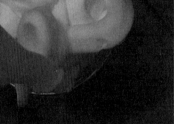

c)泡沫　　　　　　　　　　　　d)现浇泡沫轻质土

图 4.1-3　试验设备器材

3)扶壁式挡土墙模型材料的选取

原型扶壁式挡土墙的结构材料是钢筋混凝土,正常受力状态属于弹性材料。通过对比铝合金、PVC(聚氯乙烯)板、石膏(包括以石膏胶凝的脆性材料)和细集料钢筋混凝土材料四种材料的相关特性,此次试验选用 PVC 板,主要优点在于其弹性模量与 C30 的混凝土弹性模量相近,且易于加工制作,安装拆卸方便,强度高,结构的应力应变容易测量。

4.1.4 模型结构与尺寸

1）模型箱尺寸

模型试验中扶壁式挡土墙的结构尺寸以现场挡土墙结构的尺寸为参考原型，根据缩尺比例来计算，则模型试验箱的主要尺寸为150cm×50cm×50cm(长×宽×高)，其中装土箱的尺寸为100cm×50cm×50cm(长×宽×高)。

2）挡土墙的尺寸

采用等效刚度原则，则扶肋、墙面板及踵板尺寸如图4.1-4所示。

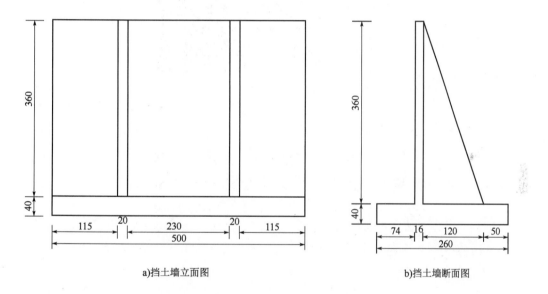

a)挡土墙立面图　　　　　　b)挡土墙断面图

图 4.1-4　挡土墙尺寸(尺寸单位：mm)

4.1.5 模型箱设计与制作

试验模型箱主要由以下几个部分组成：装土箱、挡土墙、挡土墙位移控制系统、上部加载系统及测量系统。试验模型箱如图4.1-5、图4.1-6所示。

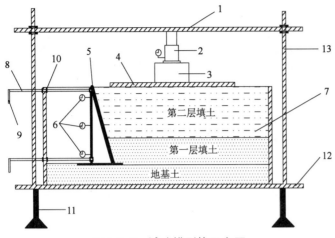

图 4.1-5　试验模型箱示意图　　　　图 4.1-6　试验模型箱实物图

1-反力梁；2-液压千斤顶；3-混凝土垫块；4-承压板；5-扶壁式挡土墙；6-百分表；7-装土箱；8-螺旋位移控制杆；9-把手；10-螺栓；11-工字钢支架；12-底部钢板；13-支撑杆

4.1.6　模型试验测试设备

为了更准确地量测不同位移模式下土压力随挡土墙位移的应力变化特征，本试验选用 LY-350 系列的应变式微型土压力传感器。由于已经有 10 个土压力盒，还需重新购置 10 个土压力盒，其规格参数见表 4.1-4 和图 4.1-7。

LY-350 型微型土压力盒规格及参数　　　　表 4.1-4

型号	量程（MPa）	分辨率（MPa）	阻抗（Ω）	绝缘电阻（MΩ）	外形尺寸（mm×mm）
LY-350	0.1	0.0001	350	≥200	17×8 和 38×10（直径×高度）

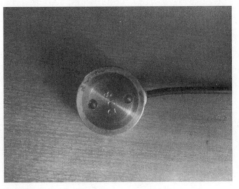

图 4.1-7　LY-350 型微型土压力盒

本模型试验中土压力盒的布置与现场位置一致,如图4.1-8所示,其中1~17为对本模型试验中所用的17个土压力传感器进行的编号,底板和立壁均采用原来的土压力盒,底板布置3个土压力盒,编号依次为1、2、3,距墙趾板边缘的距离依次为4cm、13cm、22cm;立壁内侧布置共4个土压力盒,编号依次为5、6、7、8,距墙顶依次为5cm、14cm、23cm、32cm。

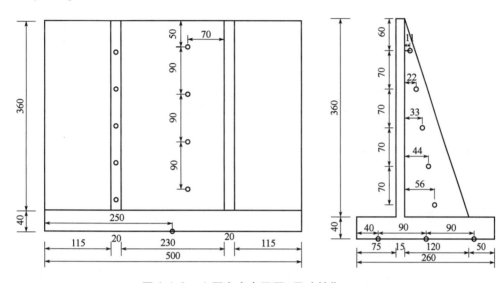

图 4.1-8　土压力盒布置图(尺寸单位:mm)

扶壁侧壁和扶壁迎土面,均采用新买的土压力盒,扶壁迎土面在左侧扶壁上布置5个土压力盒,其受力面与水平面垂直,编号依次为9、10、11、12,距墙顶的距离依次为6cm、13cm、20cm、27cm、34cm;扶壁侧壁布置在右侧侧壁上,编号依次为13、14、15、16、17,距墙顶的距离依次为6cm、13cm、20cm、27cm、34cm。图4.1-9为模型试验中土压力盒埋设完成图。

a)立壁内侧

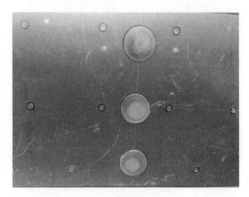

b)底板

图　4.1-9

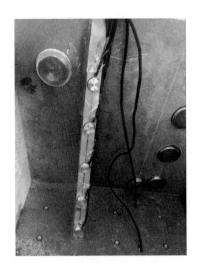
c) 扶壁迎土面

d) 扶壁侧壁

图 4.1-9　模型试验中土压力埋设

1）应变采集系统

试验中选用的应变采集装置为秦皇岛市信恒电子科技有限公司生产的 CM-1A-20 数字静态应变仪,土压力盒的连接采用全桥方式,如图 4.1-10 所示。量测数据采集由计算机控制,试验前需要对应变仪进行性能测试,确保满足精度要求,其主要特点是测量点数多,操作简单,携带方便,可进行单臂、半桥、全桥、混桥测量,K 值连续可调。

图 4.1-10　CM-1A-20 数字静态应变仪

2）位移测量

根据本次试验量测位移精度的要求,选用百分表控制挡土墙位移,精度为 0.01mm,最大量程为 10mm。百分表采用磁力表座固定,而百分表的伸缩杆顶在位移杆附近的墙上,随着转动位移杆,挡土墙发生变位,百分表就能同步测出挡土墙的位移大小。分别在距墙顶 0.02m、0.16m 和 0.32m 位置布置百分表。

4.2 模型试验结果分析

4.2.1 试验方案设计

本次模型试验考虑了不同荷载、泡沫轻质土密度、泡沫轻质土的换填深度对扶壁式挡土墙受力变形的影响,共进行9组模型试验,总共的试验组数见表4.2-1,试验时按试验组号依次做下去。

试验方案　　　　　　　　　　　　　　　表4.2-1

试验编号	表面荷载 (MPa)	泡沫轻质土换填深度 (m)	泡沫轻质土密度 (kg/m³)	考虑因素
1	14	0.28	600	表面荷载
2	16	0.28	600	
3	18	0.28	600	
4	14	0.22	600	换填深度
5	14	0.28	600	
6	14	0.4	600	
7	14	0.28	600	密度
8	14	0.28	700	
9	14	0.28	800	

4.2.2 不同荷载对挡土墙侧向土压力和位移的影响

依托工程中采用泡沫轻质土的重度为 $\gamma = 6kN/m^3$,模型试验中配制泡沫轻质土的重度与现场一致为 $\gamma = 6kN/m^3$。对不同荷载下挡土墙的侧向土压力进行研究分析,采用千斤顶对其施加荷载,分别在表面施加 14MPa、16MPa、18MPa 的荷载。

试验中分别对挡土墙的底板、面板内侧、扶壁侧壁和扶壁迎土面的土压力进行监测,并对其监测的数据进行分析,如图4.2-1所示。

图 4.2-1　土压力盒埋设位置图

图 4.2-2a) 是不同荷载下，底板的地基反力随底板宽度变化的分布规律图。从图中可以看出，不论上部是否施加荷载，底板的地基反力不是关于底板中心对称分布，呈中间大两边小近似凸形分布，此时地基反力呈现出先增大后减小的分布规律，且在底板的中间位置地基反力出现了峰值点（即为最大值）。同时随着上部荷载的增大，地基反力也呈增大的趋势，且边缘地基反力增加的幅度要大于中间地基反力增加的幅度。因此，上部荷载对底板边缘的地基反力影响较大。

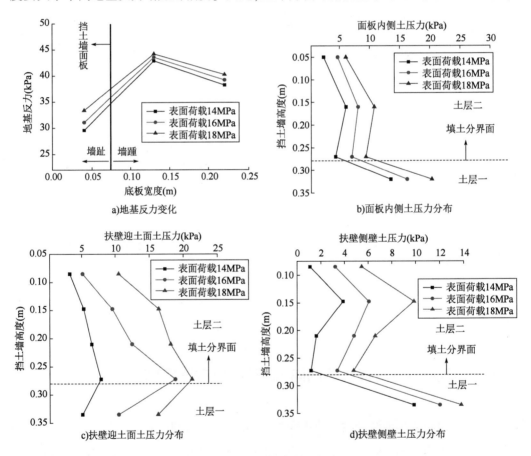

图 4.2-2　不同荷载下挡土墙土压力分布

图 4.2-2b) 是不同荷载下，面板内侧土压力随挡土墙高度的分布规律图。从图中可以看出，挡土墙墙后土压力位于主动土压力状态与静止土压力状态之间，处于"中

间状态",而表面施加14MPa的荷载,挡土墙墙后土压力小于理论的计算值。土层二中的侧向土压力并不是库伦提出的三角形分布,而是呈现出"中间大,两边小"的非线性分布,挡土墙墙后土压力随着深度先增加后减小,在距离墙顶$0.4H$(H为挡土墙高度)处出现最大值,而且在土层二中的土压力值远小于理论计算值,可能是泡沫轻质土浇筑完成后有很好的直立性,因此对挡土墙的挤压作用减小,所以侧向土压力远小于理论值,在土层一与土层二交界处迅速减小,当进入土层二中土压力又继续增加,呈线性增大。

图4.2-2c)是不同荷载下,扶壁迎土面土压力随挡土墙高度的分布规律图。从图中可以看出,土层二中的土压力随着上部荷载的增加近似呈线性增加,随着深度的增加,挡土墙土压力逐渐增加,在土层一与土层二交界处达到最大值,在土层一中土压力迅速减小,可能在扶壁的根部出现拉应力。

图4.2-2d)是不同荷载下,扶壁侧壁土压力随挡土墙高度的分布规律图。从图中可以看出,土层二中的土压力而是呈现出"中间大,两边小"的鼓形分布,在距离墙顶$0.37H$处出现最大值,在土层二中土压力继续增大,两层填土中的土压力整体呈现出 R 形分布。

结合图4.2-2b)~d)可知,在不同加载的过程中,挡土墙土压力分布都表现出类似的规律。因此,本节以加压14MPa为例,土层二中面板内侧的土压力最大为6.1kPa,扶壁侧壁土压力最大为3.87kPa,明显偏小;而扶壁迎土面的土压力最大为7.88kPa,约为面板内侧土压力的1.3倍。原因可能是扶肋的侧壁并非光滑,导致了两扶肋间的土体在水平方向表现出土拱效应。扶肋后的土体以扶肋端部为拱脚产生水平方向的土拱效应。扶肋间土体与扶肋侧壁产生相互摩擦,土体会以扶肋的侧面为拱脚产生水平方向的土拱效应。这些土拱的存在,将墙后土体的很大一部分侧压力传至扶肋上,导致扶肋上的土压力大于扶壁侧壁上的土压力,使作用在挡土墙立壁上的土体侧压力降低。

在模型试验中,我们不仅对挡土墙侧向土压力进行监测,同时也对挡土墙的位移也进行了监测,其百分表布置如图4.2-3所示。在不同荷载下,其挡土墙的位移如图4.2-4所示。

图4.2-4是挡土墙在不同荷载的条件下,挡土墙位移沿挡土墙高度的变化规律图,图中负号表示挡土墙背离填土方向运动。从图中可以看出,挡土墙是背离填土方向运动的,此时挡土墙在顶部的位移最大,底部的位移最小,位移随着填土的深度增大呈近似线性减小,挡土墙在平移的过程中同时绕墙趾转动(即 RBT 模式),上部荷载对墙顶的位移

影响较大。另外,表面超载的增加不利于增加挡土墙的稳定性,因此,要求修筑挡土墙时要有一定的埋深,这样有利于挡土墙稳定。

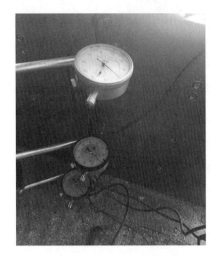

图 4.2-3　百分表布置图

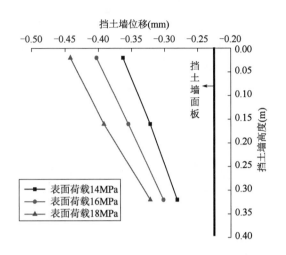

图 4.2-4　不同荷载下挡土墙位移变化

4.2.3　不同密度对挡土墙侧向土压力及位移的影响

双层填土中影响土压力的因素很多。本节探讨了墙后填土的密度对挡土墙侧向土压力的影响,考虑到室内试验条件的局限性,试验中第一层砂土的密度也不容易控制,因此,我们只考虑了第二层填土泡沫轻质土的密度对挡土墙侧向土压力的影响,分别配制密度为 $600kg/m^3$、$700kg/m^3$、$800kg/m^3$ 的泡沫轻质土,同时在表面施加 14MPa 的荷载,通过换算则施加的实际荷载为 61kPa。试验中分别对挡土墙的底板、面板内侧、扶壁侧壁和扶壁迎土面的数据进行监测,并对其监测的数据进行分析,如图 4.2-5 所示。

图 4.2-5a)是不同密度下,底板的地基反力的分布规律图。从图中可以看出,随着底板密度的增加,地基反力呈现出先增大后减小的分布规律,且在底板的中间位置地基反力出现了峰值点(即为最大值),底板的地基反力并不是关于中心对称,而是近似呈突出的钟形分布。同时,随着泡沫轻质土密度的增大,同一点处的地基反力也呈增大的趋势,且边缘地基反力增加的幅度要大于中间地基反力增加的幅度。

图 4.2-5b)是不同密度下,面板内侧侧向土压力随挡土墙高度分布规律图。从图中可以看出,双层填土中,土压力近似呈 R 形分布,在泡沫轻质土土层中,土压力分布并不是库伦提出的线性分布,而是非线性分布,此试验结果与陈页开、龚慈等做的模型试验结果一致。随着挡土墙高度的增加,侧向土压力呈现先增大再减小的变化规律,在距墙

顶 $0.4H$ 处出现峰值点,在填土分界面处土压力值最小,当进入砂土层中土压力又开始增大,近似呈线性增大,在墙底处出现最大值。

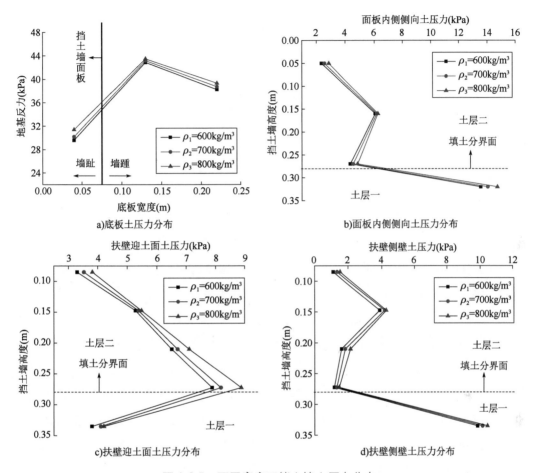

图 4.2-5　不同密度下挡土墙土压力分布

图 4.2-5c)是不同密度下,扶壁迎土面土压力随挡土墙高度的分布规律图。从图中可以看出,双层填土中,土压力近似呈 D 形分布,在泡沫轻质土土层中,土压力随着深度的增加而增大,近似呈线性增长,在填土分界面处土压力值达到最大值,当进入砂土层中,土压力又开始减小。原因可能是扶肋后的土体以扶肋的端部为拱脚产生水平方向的土拱效应。另外,随着填土密度的增加,同一深度处的土压力都呈增大的趋势。

图 4.2-5d)是不同密度下,扶壁侧壁的侧向土压力随挡土墙高度的分布规律图。从图中可以看出,在双层填土中,土压力的分布规律跟面板内侧侧向土压力的分布规律相同,都呈 R 形分布。在泡沫轻质土土层中,土压力随挡土墙的高度增加表现出先增大再减小的非线性分布规律,在距墙顶 $0.37H$ 处出现峰值点,在两层填土的交界处挡土墙的

侧向土压力最小。随后,随着挡土墙深度的增加,进入砂土层中,扶壁侧壁土压力又开始急剧增大,近似呈线性增长。随着泡沫轻质土密度的增加,同一深度处的扶壁侧壁侧向土压力也逐渐增大。

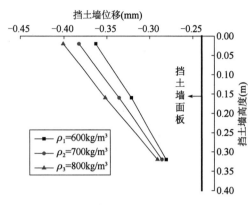

图 4.2-6　不同密度下挡土墙位移变化

在模型试验中,我们不仅对挡土墙的侧向土压力进行了监测,同时还对挡土墙的位移也进行了监测,在不同密度下,挡土墙的位移如图 4.2-6 所示。

图 4.2-6 是不同泡沫轻质土密度下,挡土墙位移随挡土墙高度的变化规律图,图中负号表示挡土墙的位移背离填土方向运动。从图中可以看出,在不同密度下,挡土墙都是背离墙体运动的,挡土墙在平移的过程中同时绕墙趾转动(即 RBT 模式),当泡沫轻质土的密度为 800kg/m³,挡土墙顶部的位移最大,约为 -0.401mm;而在陈忠达编著的《公路挡土墙设计》中,黏性土绕墙趾转动产生主动土压力时,挡土墙所需的位移为 $0.004H$(H 为挡土墙的墙高),为 -1.6mm。因此,模型试验中挡土墙的位移为 -0.401mm,远小于产生主动土压力所需的位移,可能跟墙后填的泡沫轻质土材料本身的性质有关。泡沫土具有固化后自立性和弹性模量较大的性质,泡沫轻质土在浇筑 4h 后就开始固化自立,固化后对挡土墙几乎没有推挤力,因此挡土墙的位移要远小于产生主动土压力所需的位移。同时,挡土墙的位移随着填土深度近似呈线性减小,这表明墙体呈刚体运动,挡土墙的面板几乎没有发生弯曲变形,说明间距布置较密的扶肋对墙体的刚度起到了较大的加强作用。随着墙后填土密度的改变,对挡土墙顶部位移的影响较大,同一深度处墙体的位移略有增加,墙底位移几乎不变。

4.2.4　不同换填深度对挡土墙侧向土压力及位移的影响

本节取泡沫轻质土的重度为 $\gamma = 6$kN/m³,同时在表面施加 61kPa 的荷载,同时改变泡沫轻质土的换填深度依次为 0.22m、0.28m、0.4m,分别对不同换填深度下挡土墙的侧向土压力和位移进行研究分析。泡沫轻质土换深厚度为 0.4m,即为模型试验中填土全部为泡沫轻质土;泡沫轻质土换深厚度为 0.22m 和 0.28m,即为模型试验中填土部分采用泡沫轻质土,部分采用砂土。

试验中分别对挡土墙的底板、面板内侧、扶壁侧壁和扶壁迎土面的数据进行监测,并对其监测的数据进行分析,如图 4.2-7 所示。

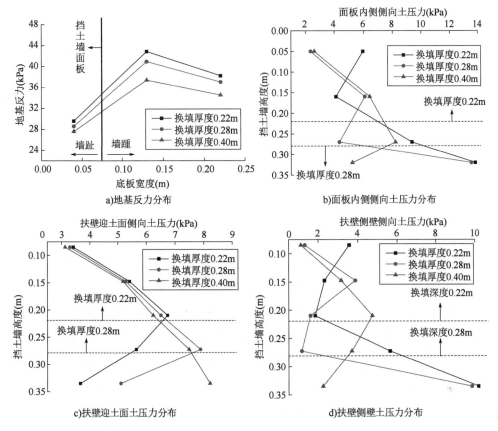

图 4.2-7 不同换填深度下挡土墙土压力分布

图 4.2-7a)是泡沫轻质土不同换填深度下,底板的地基反力随底板宽度变化的分布规律图。从图中可以看出,底板的地基反力并不是关于底板中心对称分布,而是受到偏心荷载的作用,呈"中间大两边小"突出的钟形分布,此时地基反力出现先增大后减小的分布规律,且在底板的中间位置地基反力出现了峰值点(即为最大值)。同时随着换填深度的增加,地基反力逐渐减小,且边缘地基反力减小的幅度要大于中间地基反力减小的幅度,这是由于泡沫轻质土的密度约为一般填土的1/3。因此,在实际工程中,采用泡沫轻质土换填技术,可以有效减小地基反力对挡土墙的作用,从而减少挡土墙的沉降。

图 4.2-7b)是泡沫轻质土不同换填深度下,面板内侧侧向土压力随挡土墙高度分布规律图。从图中可以看出,随着泡沫轻质土换填深度的不同,挡土墙土压力的分布也有所改变,土压力最大值位置随着挡土墙深度的增加逐渐下移,但是下移幅值越来越小。

当换填深度为0.22m时，在土层二泡沫轻质土中土压力在距墙顶$0.125H$~$0.4H$处可能出现峰值点；当换填深度为0.28m时，墙后土压力整体呈R形分布，在土层二中土压力先增大，在距墙顶$0.4H$处出现峰值，然后土压力又开始减小，进入到土层一中，土压力又急剧增大，近似呈线性增长；当换填深度为0.4m时，即墙后填土全部为泡沫轻质土，墙后土压力呈D形分布，墙后侧向土压力沿墙身逐渐增加，侧向土压力近似呈线性分布，在距墙顶$0.675H$处出现峰值，靠近墙底部侧向土压力逐渐减小并出现回弯的现象，原因可能是挡土墙底板的约束导致了挡土墙底部的土压力迅速减小。

图4.2-7c)是泡沫轻质土不同换填深度下，扶壁迎土面侧向土压力沿墙深的分布。从图中可以看出，当换填深度不同时，挡土墙侧向土压力的分布也发生了变化，当部分采用泡沫轻质土换填时，土压力分布近似呈D形分布，当全部采用泡沫轻质土换填时，土压力近似呈线性分布。当换填深度为0.22m时，扶壁迎土面上的土压力随墙深的增加，逐渐增大，在距墙顶$0.525H$处出现峰值，随着墙深的继续增加，侧向土压力逐渐减小；当换填深度为0.28m时，侧向土压力在距$0.68H$处出现峰值点；当换填深度为0.4m时，侧向土压力沿墙深近似呈线性增长，在墙底处出现峰值点。

图4.2-7d)是泡沫轻质土不同换填深度下，扶壁侧壁土压力沿墙高的分布。从图中可以看出，墙后填土采用部分换填时，侧向土压力分布呈R形分布，墙后填土全部采用泡沫轻质土换填时，侧向土压力呈D形分布。当换填深度为0.22m时，在土层二中土压力随深度的增加，逐渐减小，在距墙顶$0.21H$~$0.39H$处出现峰值点，在填土分界面处土压力达到最小值，随后，在土层一中，土压力又逐渐增大，近似呈线性增长；当换填深度为0.28m时，墙后土压力随着填土深度逐渐增大，在距墙顶$0.39H$处出现峰值点，随着深度的继续增加，土压力又逐渐减小，在填土分界面处土压力减小到最小值，在土层一中，土压力又迅速增大，近似呈线性增长；当全部换填泡沫轻质土时，墙背侧向土压力呈非线性分布，沿墙深度方向逐渐增大，在距墙顶$0.525H$处出现峰值点，靠近墙底下部侧向土压力逐渐减小并出现回弯。

在模型试验中，我们不仅对挡土墙各部分的侧向土压力进行了监测，同时还对挡土墙的位移也进行了监测。在换填深度下，挡土墙位移如图4.2-8所示。

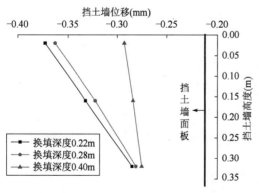

图4.2-8 不同换填深度下挡土墙位移变化

图 4.2-8 是泡沫轻质土不同换填深度下,挡土墙位移随墙高的变化规律图,图中负号表示挡土墙位移背离填土方向运动。从图中可以看出,随着挡土墙深度的增加,挡土墙的位移近似呈线性减小,说明挡土墙呈刚体运动,此时挡土墙顶部的位移最大,挡土墙底部的位移最小,挡土墙在平移的过程中同时绕墙趾转动(即 RBT 模式)。随着泡沫轻质土换填深度的增加,挡土墙沿深度方向位移逐渐减小,说明换填深度越大越有利于挡土墙的稳定性,挡土墙顶部位移减小的幅值要大于底部位移减小的负值。因此,换填深度对挡土墙顶部的影响较大,对底部的位移几乎无影响。

4.3 多层填土路堤扶壁式挡土墙力学特性分析

由于多层填土路堤扶壁式挡土墙模型试验受众多因素的影响,室内试验具有一定的局限性,单凭室内模型试验结果不足以确定土压力计算公式及相关因素。本章依据室内模型试验,采用有限元软件 ABAQUS 对多层填土路堤扶壁式挡土墙进行数值模拟,将数值模拟的结果与模型试验的结果进行对比分析,从而验证室内试验是否合理,并对多层填土下挡土墙土压力计算影响因素进行分析。

4.3.1 模型试验三维有限元模型建立

1)模型描述

下面依据挡土墙室内模型试验的试验数据(图 4.3-1),采用 ABAQUS 岩土软件建立数值模型。多层填土路堤扶壁式挡土墙模型在荷载施加过程中,各部件之间可能会产生接触,主要包括扶壁式挡土墙墙身与墙后回填土、多层填土路堤扶壁式挡土墙基底与地基土之间的接触。挡土墙与墙后填土之间的摩擦因数 μ 取 0.40;填土与地基土之间摩擦因数 μ 取 0.55。根据室内模型试验的实际情况,本章中模型选取的边界条件为:地基底部限制所有方向的位移及转动;模型的左右边界设置水平方向(X 方向)约束;模型前后边界设置纵向方向(Z 方向)约束;填土顶面为自由边界。该模型可看作是三维应力问题,网格划分采用以六面体实体单元,挡土墙的网格划分尺寸为 $0.02m \times 0.018m \times 0.02m$,土体的网格划分为 $0.02m \times 0.019m \times 0.02m$,采用八节点六面体单元,单元类型为线性二次完全积分单元(C3D8)。将数值计算结果与模型试验结果进行对比分析,从而可以验证室内模型试验的准确性,并对挡土墙受力及变形特性的关键影响因素进行分析。

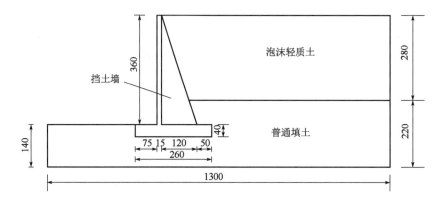

图 4.3-1　多层填土路堤扶壁式挡土墙模型尺寸断面图(尺寸单位:mm)

依照图 4.3-1 和图 4.3-2 的尺寸示意图建立如图 4.3-3、图 4.3-4 所示的多层填土路堤扶壁式挡土墙三维有限元模型和扶壁式挡土墙三维模型。

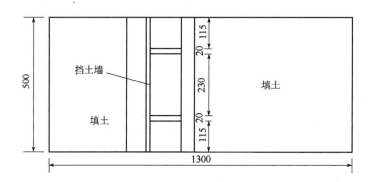

图 4.3-2　多层填土路堤扶壁式挡土墙模型尺寸平面图(尺寸单位:mm)

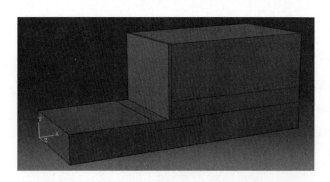

图 4.3-3　多层填土路堤扶壁式挡土墙三维示意图

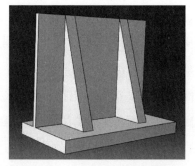

图 4.3-4　多层填土路堤扶壁式挡土墙三维示意图

2) 材料参数的选择

在多层填土路堤扶壁式挡土墙计算模型中主要包括四种材料：PVC板（挡土墙）、墙后两层人工填土（外荷载）分别为土层一（砂土）和土层二（泡沫轻质土）及地基土（砂土）。由于PVC板的刚度较大，其本构关系采用线弹性模型，弹性模量按表4.1-4取值；墙后土层一和地基土的本构模型均选择Mohr-Coulomb模型，根据《工程地质手册》得到其弹性模量，土层一和地基土的强度指标根据第3章土工试验的结果取值；土层二泡沫轻质土的本构关系采用线弹性模型，其材料参数参考浙江省地方标准《公路工程泡沫混凝土应用技术规范》(DB33/T 996—2015)、天津市公路工程地方标准《现浇泡沫轻质土路基设计施工技术规程》(TJG F10 01—2011)和陈忠平教授编著的《气泡混合轻质填土新技术》，模型中基本材料参数见表4.3-1。

模型基本材料参数　　　　　表4.3-1

名称	本构模型	弹性模量 E (MPa)	泊松比 μ	重度 γ (kN/m³)	内摩擦角 φ (°)	黏聚力 c (kPa)
挡土墙	线弹性	3×10^3	0.2	12	—	—
土层一	MC模型	15	0.35	16.13	35.8	0
土层二	线弹性	150	0.25	6	—	—
地基土	MC模型	15	0.35	16.13	35.8	0

4.3.2 数值模拟结果分析

1) 挡土墙侧向土压力分析

为了研究数值模型的可行性，以室内试验为原型，采用ABAQUS进行三维建模，对挡土墙侧向土压力和墙体位移进行分析，并与试验结果进行对比。为与室内试验保持一致，土样单元的各个材料参数均与室内试验所用土样的材料参数保持一致，同时在加载分析步中创建荷载，在静力/通用方式下选择荷载类型为重力，设置分量2的数值为-10，用于模拟地球重力加速度，并在填土表面施加均布荷载用于模拟路基路面荷载及车道车辆荷载。根据《公路路基设计手册》，将路基路面荷载、车道荷载及车辆荷载换算成荷载集度为60.8kPa的均布荷载，则在填土表面施加61kPa、69.484kPa和77.969kPa的荷载，进行数值计算。以61kPa荷载为例，其 X、Y、Z 方向的云图如图4.3-5所示。

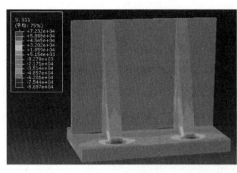

a) X方向应力云图

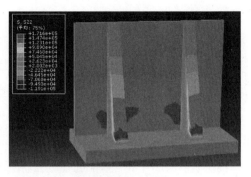

b) Y方向应力云图

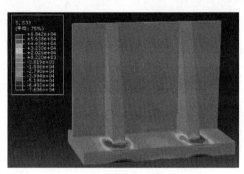

c) Z方向应力云图

图4.3-5 荷载为61kPa下挡土墙应力云图(单位:Pa)

(1)底板上的应力分析。

从图4.3-6和图4.3-7中可以看出,模型试验与数值模拟的基底压应力分布规律大致一样,同一位置处的地基反力随表面荷载的增加呈增大的趋势。模型试验中,地基反力最大值依次为42.88kPa、43.56kPa、44.24kPa;数值模拟中,地基反力最大值依次为47.48kPa、48.84kPa、50.43kPa。

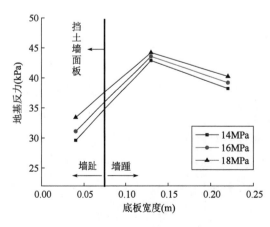

图4.3-6 模型试验地基反力分布

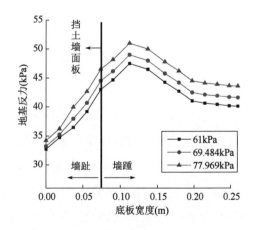

图4.3-7 数值模拟地基反力分布

(2)扶壁迎土面应力分析。

从图 4.3-8 和图 4.3-9 中可以看出,数值模拟的结果与模型试验的结果整体上均表现出相同的分布规律,同一位置处的土压力随表面荷载的增加呈增大的趋势。模型试验中,土层二中的最大值依次为 7.88kPa、18.83kPa、21.28kPa;数值模拟中,其最大值依次为 9.3kPa、15.32kPa、22.32kPa。

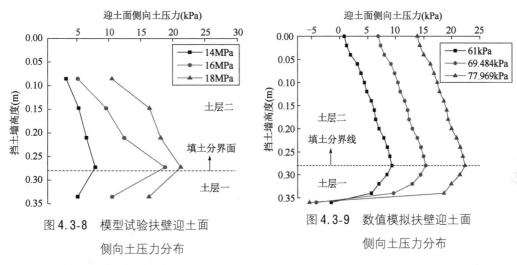

图 4.3-8　模型试验扶壁迎土面　　图 4.3-9　数值模拟扶壁迎土面
　　　　　侧向土压力分布　　　　　　　　　　侧向土压力分布

(3)扶壁侧壁土压力分析。

从图 4.3-10 和图 4.3-11 可以看出,数值模拟与模型试验的结果整体上均表现出相同的分布规律,同一位置处的土压力随表面荷载的增加呈增大的趋势。模型试验中,土层二中的土压力最大值依次为 3.87kPa、6.06kPa、9.86kPa,土层一中最大值依次为 9.85kPa、12.01kPa、13.78kPa;数值模拟中,土层二中其最大值依次为 5.62kPa、7.42kPa、10.43kPa,土层一中最大值依次为 12.48kPa、14.75kPa、17.75kPa。

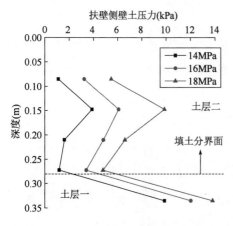
图 4.3-10　模型试验扶壁侧壁土压力分布

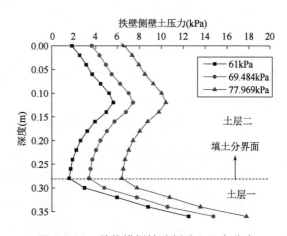
图 4.3-11　数值模拟扶壁侧壁土压力分布

(4) 面板的应力分析。

从图 4.3-12 和图 4.3-13 中可以看出，模型试验和数值模拟中的面板内侧侧向土压力沿挡土墙高度的分布规律大致一直，同一位置处的土压力随表面荷载的增加呈增大的趋势。模型试验中，土层二中的侧向土压力最大值依次为 6.08kPa、8.34kPa、10.82kPa，土层一中最大值依次为 13.55kPa、16.28kPa、20.35kPa；数值模拟中，土层二中侧向土压力最大值依次为 8.70kPa、10.76kPa、13.42kPa，土层一中最大值依次为 13.67kPa、16.57kPa、20.42kPa。

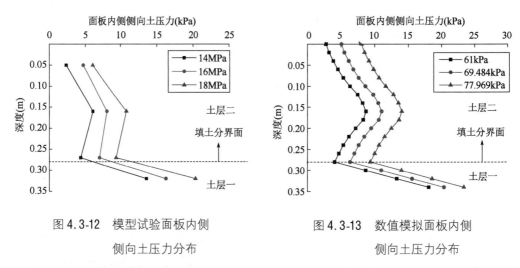

图 4.3-12 模型试验面板内侧侧向土压力分布　　图 4.3-13 数值模拟面板内侧侧向土压力分布

综上所述，将数值模拟的结果与模型试验的结果进行对比分析，两者无显著差别，模型试验与数值模拟吻合度较好，说明了有限元依据模型试验所建立的三维模型是合理可靠的。同时，也说明了模型试验中基底压应力的分布有一定的指导意义和参考价值。

(5) 土拱效应对侧向土压力的影响。

在土力学中，土拱是描述应力转移的现象，这种应力转移是通过抗剪强度的发挥而进行的。以表面施加 61kPa 的荷载为例进行分析，提取两扶肋之间同一深度下的纵向方向（Z 方向）分布的横向应力 $S11$ 的分布规律，如图 4.3-14 所示。

从图 4.3-14 中可以看出，面板内侧水平土压力的纵向分布关于扶肋中心轴对称，呈类似开口向下的"抛物线"形分布，横向应力 $S11$ 分布受肋板的影响随挡土墙高度的增大影响也越大。在挡土墙的上部，肋板对墙面板后水平应力分布影响较小，分布较均匀；在其下部，肋板对墙面板后水平应力分布影响较大，表现为中部较大、两侧急剧减小的现象，即所谓的"土拱"现象，深度越大，"抛物线"越集中，这种现象越明显。

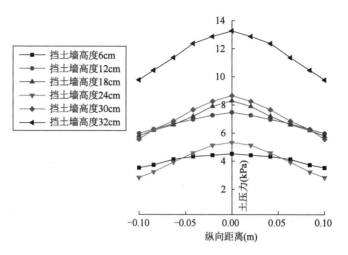

图 4.3-14　不同深度下墙面板内侧横向应力 $S11$ 的纵向分布

2）挡土墙与路堤协同变形分析

（1）挡土墙的水平位移。

挡土墙在不同荷载加载过程中，墙体会发生不同程度的变形，墙体水平位移是衡量其是否稳定的重要因素之一。其水平方向（X 方向）的位移云图如图 4.3-15 所示。

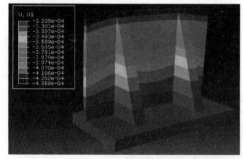

a) 荷载 61kPa

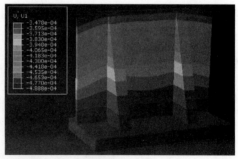

b) 荷载 69.484kPa

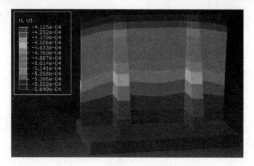

c) 荷载 77.969kPa

图 4.3-15　不同荷载条件下 X 方向位移云图（单位：m）

从图 4.3-15 中可以看出,墙体水平位移呈拱形层状分布,关于扶肋中心对称,在同一深度处,沿 Z 方向,两扶肋之间的位移最小,挡土墙两端位移最大,可能是挡土墙面板上的刚度不一样导致的。扶肋加强了中心区域的刚度,使扶肋之间刚度要大于挡土墙两端的刚度,因此两扶肋之间的面板变形较小。沿 Y 方向,墙顶处位移最大(如图中最顶部所示),随挡土墙高度的增加,位移逐渐减小,墙底位移最小(如图中最底部所示)。

研究不同荷载下挡土墙的变形特性,提取挡土墙墙体面板外侧各单元节点的水平位移,并与模型试验结果进行对比分析,如图 4.3-16、图 4.3-17 所示。

从图 4.3-16 和图 4.3-17 中可以看出,模型试验与数值模拟中挡土墙位移的变化规律类似,在不同荷载下,模型试验中墙顶的位移依次为 -0.363mm、-0.403mm、-0.442mm,墙底位移依次为 -0.281mm、-0.302mm、-0.322mm;数值模拟中墙顶位移依次为 -0.414mm、-0.472mm、-0.510mm,墙底位移依次为 -0.304mm、-0.322mm、-0.348mm。数值模拟中墙体位移要略微大于模型试验中墙体位移,两者的位移值相差不大,无显著差别,说明建立的三维模型是合理可靠的。挡土墙在墙后填土自重及上部荷载的作用下背离填土方向运动,挡土墙在平移的过程中同时绕墙趾转动(即 RBT 模式),挡土墙的位移随着挡土墙深度的增加,近似呈线性减小,墙顶位移最大,墙底位移最小。随着荷载的不断增大,墙后的水平土压力促使墙面板不断向外倾斜,同一深度处挡土墙水平位移逐渐增大,这种情况下挡土墙容易发生倾覆,不利于挡土墙的稳定性。

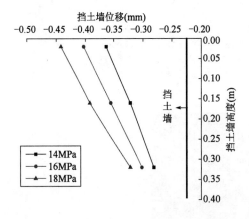

图 4.3-16　模型试验挡土墙水平位移变化　　图 4.3-17　数值模拟挡土墙水平位移变化

(2)挡土墙的竖向位移。

挡土墙在不同荷载加载过程中,墙体会发生不同程度的沉降,其 Y 方向的云图,如图 4.3-18 所示。

第4章 泡沫轻质土路堤扶壁式挡土墙模型试验

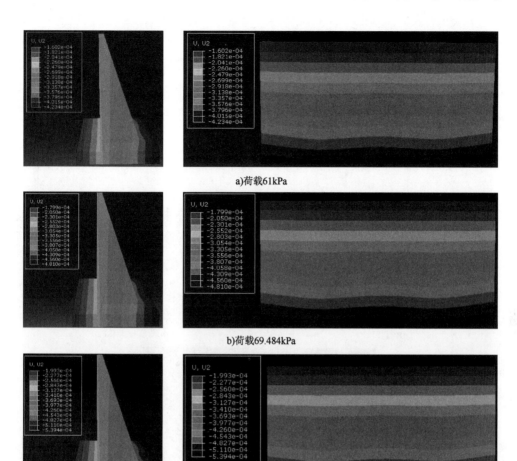

图 4.3-18 不同荷载条件下 Y 方向位移云图(单位:m)

提取挡土墙底板和面板上同一断面上各节点单元的竖向位移,如图 4.3-19、图 4.3-20 所示。

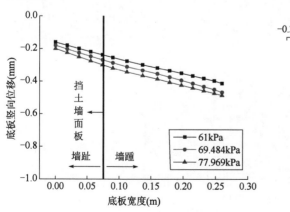

图 4.3-19 挡土墙底板竖向位移

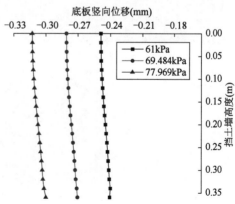

图 4.3-20 挡土墙面板竖向位移

从图 4.3-19 和图 4.3-20 中可以看出，在墙后填土和上部荷载的共同作用下，地基土产生不均匀沉降，墙踵板处的地基土沉降大于墙趾处的地基土沉降，导致挡土墙墙踵的沉降大于墙趾的沉降。挡土墙面板的竖向位移随着挡土墙深度的增加略微减小，面板顶部的沉降最大，底板的沉降较小。

(3) 路堤的竖向位移。

在有限元计算后处理文件中提取路堤的沉降云图及矢量图，如图 4.3-21、图 4.3-22 所示。

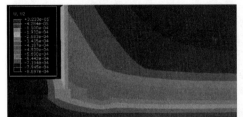
a) 荷载 61kPa

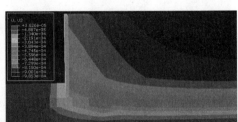
b) 荷载 69.484kPa

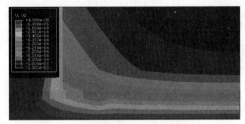
c) 荷载 77.969kPa

图 4.3-21　不同荷载下路堤竖向(Y方向)位移云图(单位：m)

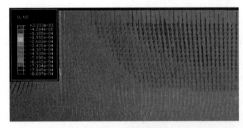
a) 荷载 61kPa

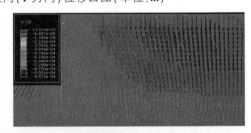
b) 荷载 69.484kPa

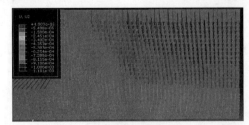
c) 荷载 77.969kPa

图 4.3-22　不同荷载下路堤竖向(Y方向)位移矢量图(单位：m)

从图 4.3-21 和图 4.3-22 中可以看出，土体竖向位移最小值出现在土体的最底部（如图中最底部），大小几乎为零，底部位移约束为完全固定，与边界条件相符，除此之外其他部分的土体都向下移动，产生沉降。路堤在填土及表面荷载的共同作用下产生不均匀沉降，呈层状分布，其分布形式跟表面施加的荷载无关，沿路堤宽度方向，最大在路堤的中心位置（如图中最顶部），最小值在路肩处，挡土墙的存在减小了路堤的整体沉降，沿路堤填筑方向，沉降最大值在路堤表面（如图中最顶部），从最顶部区域到最底部区域沉降逐渐减小。这与挡土墙的竖直方向的位移变化一致，即土体竖直方向的位移受到了挡土墙的约束，两者竖直方向的位移是协调发展的。随着表面荷载的增大，路堤的沉降逐渐增大。

不同荷载条件下，路堤沉降分布规律类似，以表面荷载为 69.484kPa 分析为例，提取第一层和第二层填土表面的路堤沉降，如图 4.3-23、图 4.3-24 所示。

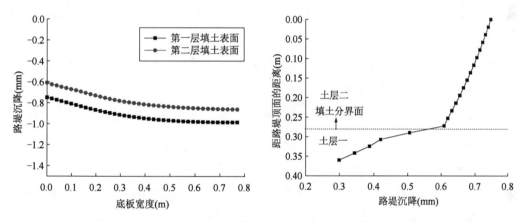

图 4.3-23　荷载为 69.484kPa 路堤沉降图　　图 4.3-24　荷载为 69.484kPa 路堤沉降图

从图 4.3-23 中可以看出，两层填土变化规律一致，下层填土的沉降导致了上层填土的沉降，使两层填土的竖向变形相协调，土体沉降沿路堤宽度呈中间大、两侧小的半"盆状"分布，路肩处沉降最小，路堤中心线下沉降最大。根据 Bosuisnesq（1885）解，在均布荷载作用下地基土中的应力并不是均匀分布的，而是路堤中线以下的应力要大于路堤两侧的应力，这是由应力方面因素引起的。路堤填筑高度对地基的影响实质就是荷载的影响，在填土高度下，地基土中的应力的分布和强度都是不同的。从图 4.3-24 中可以看出，路堤沉降随填土高度的增大逐渐减小，在土层二中，路堤沉降近似呈线性减小，在两层填土的交界面处，沉降急剧减小，路堤在不同水平位置处由挡土墙侧移引起的沉降是不均匀的。路堤中心处的土体沉降量最大，沉降值达 0.99mm。

4.3.3 多层填土路堤扶壁式挡土墙土压力影响因素分析

影响土压力的大小及其分布规律的因素有很多,土压力的大小及其分布规律不仅与各层土体本身的性质有关,还受挡土墙的类型和墙体位移影响。由于室内模型试验受试验条件的限制,无法对可能影响挡土墙工作状态的因素进行逐一分析,而数值模拟可以通过调整计算参数,对挡土墙受力及变形特性进行模拟分析。为了研究不同因素对挡土墙工作状态的影响,探究挡土墙土压力的分布和挡土墙位移的变化规律,利用上述数值计算方法将地基土模量、填土黏聚力及其内摩擦角等因素对挡土墙土压力影响进行单因素控制模拟分析。通过改变不同参数,研究各个因素对挡土墙受力及变形特性的影响。

(1)地基土弹性模量对挡土墙受力及变形的影响。

实际工程中环境复杂多变,其相应的地基条件是影响挡土墙受力及变形的因素,改变地基土的弹性模量,通过分析墙背土压力和位移的变化规律,评价地基土刚度对挡土墙受力及变形特性的影响。分别取其弹性模量依次为 10MPa、20MPa、40MPa、80MPa、100MPa,其余材料的参数不变(表 4.3-1),同时施加 61kPa 的荷载。

从图 4.3-25 中可以得出,不同地基土模量工况下的墙后的土压力分布规律类似,呈 R 形分布,随着地基土模量的增加,土层二中,挡土墙墙后土压力随着挡土墙高度增加呈现出非线性增大的变化规律。当地基土模量为 10MPa、20MPa 时,峰值点的位置距墙顶 $0.4H$;当地基土模量 $E>40MPa$ 时,峰值点的位置距墙顶 $0.45H$;随着挡土墙高度的继续增加,墙后土压力开始减小,在两层填土交界处,土压力急剧减小。在土层一中,挡土墙土压力随着填土深度的增加呈线性增大,在挡土墙的底部土压力达到最大值。

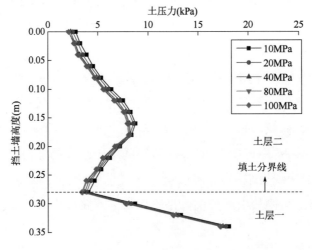

图 4.3-25 不同地基土弹性模量下挡土墙的土压力分布

为了研究不同地基土弹性模量对挡土墙变形特性的影响,分别对这几种工况下挡土墙位移进行比较分析,提取面板上各单元节点的位移进行对比,结果如图4.3-26所示。

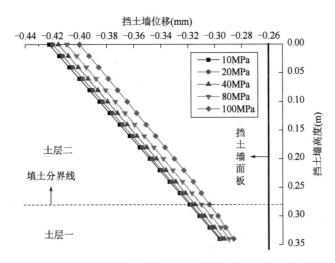

图4.3-26 不同地基土弹性模量下挡土墙位移变化

从图4.3-26中可以看出,挡土墙的位移随着填土深度的增加呈线性减小,在墙顶处位移最大,墙底处位移最小,这是因为挡土墙底部的刚度要大于墙顶的刚度,底部变形要小于顶部变形的结果,挡土墙在平移的过程中同时绕墙趾转动(即RBT模式)。随着地基土模量越大,挡土墙的位移也越小,墙体位移减小的幅度要大于墙底位移减小的幅度,所承受的土压力也越小,此时挡土墙的稳定性也越高,因地基土弹性模量越大,刚度也越大,地基在挡土墙及填土自重荷载作用下产生的不均匀沉降较小,挡土墙墙体的位移也越小。因此,在挡土墙施工时,应先对地基土进行处理,以减小其工后沉降。

(2)填土黏聚力对挡土墙受力及变形的影响。

黏聚力是反映土体颗粒之间的相互作用力(范德华力、土颗粒之间的胶结和接触点化合价键、表观黏聚力以及静电引力等)大小的参数,不同土体的黏聚力差异很大,为了研究上、下层填土内黏聚力对挡土墙受力及变形特性的影响,分别取上层和下层填土其中一组参数不变时,改变另一层填土的黏聚力,分析其对挡土墙土压力强度分布、土压力合力、合力作用点位置及墙体位移的影响。

一般地,墙后回填材料的摩擦角都比较大,而黏聚力都比较小。为了研究不同填料对挡土墙的受力及变形特性的影响,原模型中土层二黏聚力$c=120$kPa,内摩擦角$\varphi=6°$。本节以改变上部土层二的黏聚力为例,内摩擦角φ都取10°,依次改变土层二的黏聚力为0kPa、10kPa、20kPa、25kPa、30kPa；原模型中土层一黏聚力 $c=0$ kPa，内摩擦角 $\varphi=35.8°$，选定其为标准工况，本节以改变下部土层一的黏聚力为例，依次为0kPa、10kPa、20kPa、25kPa、30kPa，模型其他参数和原模型相同，基本参数见表4.3-1。同时，在土体表面施加61kPa的荷载，然后对五组模型进行数值计算，分别提取以上五种工况下，挡土墙面板内侧侧向土压力，计算结果如图4.3-27所示。

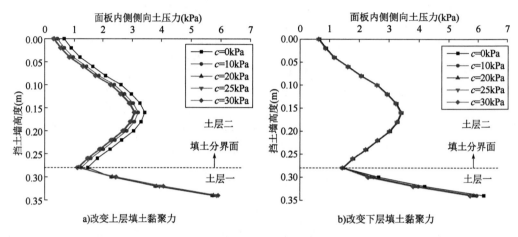

图4.3-27　填土黏聚力对土压力分布的影响

图4.3-27是改变上下层填土黏聚力，面板内侧侧向土压力沿墙高的分布图，从图中可以看出，不管是改变上层填土还是下层填土，土层二中土压力沿墙顶往下先增大，在距墙顶以下0.16m处第一次达到峰值，随着深度的继续增加，在两层填土的分界线处，土压力迅速减小，之后在第一层填土中，土压力又继续增大，在距墙底处达到最大值。从图4.3-27a)中可以看出，上部土层二填土黏聚力增大时，对下部土层一的土压力分布影响较小，基本上只影响上层填土的土压力分布。从图4.3-27b)中可以看出，下部土层一填土黏聚力增大时，对上部土层二的土压力分布影响较小，主要影响下部土层一土压力分布，且在两层填土的分界面处，随着上层填土黏聚力增大，上下层填土的土压力逐渐增大。

为了研究上层填土不同黏聚力对挡土墙变形特性的影响，分别对这几种工况下面板的位移进行比较分析，提取面板上各单元节点的位移进行对比，结果如图4.3-28所示。

从图4.3-28中可以看出，这几种工况中墙背的位移发展趋势一致，挡土墙在墙后填土自重的作用下产生背离墙体的方向的水平位移，随着挡土墙高度的增加，挡土墙的侧向位移呈线性减小的发展趋势，在墙顶产生最大的位移，而墙底位移最小，挡土墙在平移的过程中同时绕墙趾转动(即RBT模式)。另外，当填土黏聚力 $c=0$ kPa时，此时填土为砂性土,挡土墙顶部的位移最大,说明墙后填土为砂土对挡土墙的稳定性是不利的,因此,在实际工程中,墙后填土一般为黏性土。随着填土的黏聚力增大,挡土墙的侧向位移会呈减小趋势,黏聚力越大,则土粒之间的相互作用就越强,土体抗剪切能力越强,刚度越大,越不易发生变形,此时挡土墙的稳定性较好,故多层填土路堤扶壁式挡土墙在墙背填料为黏性土时效果更佳,除无黏性土外其他土也具有较好的适应性。

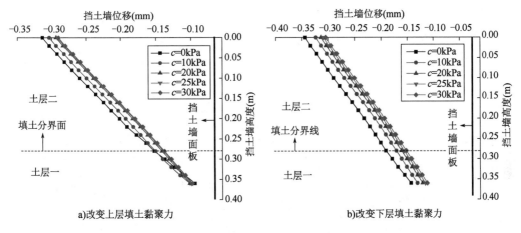

图 4.3-28　不同黏聚力下挡土墙位移变化

(3) 填土内摩擦角对挡土墙受力及变形的影响。

内摩擦角是反映土体抗剪强度指标和摩擦特性的重要参数,主要包含土体颗粒表面摩擦力和颗粒之间嵌入联锁作用产生的咬合力。为了研究上、下层填土内摩擦角对挡土墙受力及变形特性的影响,分别取上层和下层填土其中一组参数不变时,改变另一层填土的内摩擦角,分析其对挡土墙土压力强度分布、土压力合力、合力作用点位置及墙体位移的影响。

研究不同填料下对挡土墙受力及变形特性的影响,使研究的结果更具普遍性,原模型中土层二黏聚力 $c=120$kPa,内摩擦角 $\varphi=6°$,将模型中土层二的黏聚力 c 都取 20kPa,改变土层二的内摩擦角分别为 10°、15°、20°、25°、30°;原模型中土层一黏聚力 $c=0$kPa,内摩擦角 $\varphi=35.8°$,将土层一的黏聚力 c 都取 20kPa,改变土层一的内摩擦角分别为 10°、15°、20°、25°、30°时,同时在土体表面施加 61kPa 的荷载,进行数值模拟计算。分别提取以上几种工况下挡土墙面板各节点的水平应力,对挡土墙面板内侧侧向土压力进行分析,计算结果如图 4.3-29 所示。

从图 4.3-29 中可以看出,不同内摩擦角 φ 工况下的土压力并不是线性增加的,而是出现了"双峰值",在土层二中,墙后土压力呈现出先增大后减小的非线性变化,进入土层一中,挡土墙土压力又急剧增加,呈线性增大。同时从图 4.3-29a) 中可以看出,上层填土的内摩擦角增大时,对下部土层一的土压力分布影响较小,基本上只影响上部土层二的土压力分布。随着上部土层二的填土内摩擦角增大,其值越大,则土粒之间的作用力就越大,土体的抗剪切能力就越强,墙后土体对挡土墙的作用力减小,则上部土压力逐渐减小。从图4.3-29b)中可以看出,下部土层一内摩擦角增大时,对上部土层二的土压力分布有一定的影响,但是相对较小,主要影响下部土层一的土压力分布。且在两层填土的分界面处,随着下部土层一的内摩擦角增大,土层一的土压力由大于上部土层二的土压力变化到小于上部土层二的土压力。这与朗肯理论中分层填土的结论相似,但朗肯主动土压力系数只与内摩擦角有关,他没有考虑上、下层填土的相互作用。

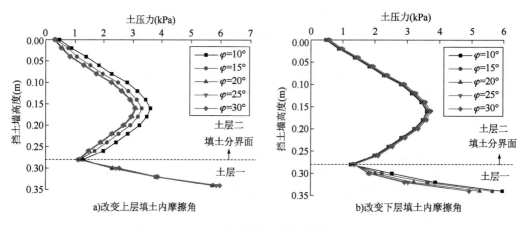

图4.3-29 不同内摩擦角下挡土墙的土压力分布

为了研究不同内摩擦角对挡土墙变形特性的影响,分别对这几种工况下面板的位移进行比较分析,提取面板上各单元节点的位移进行对比,结果如图4.3-30所示。

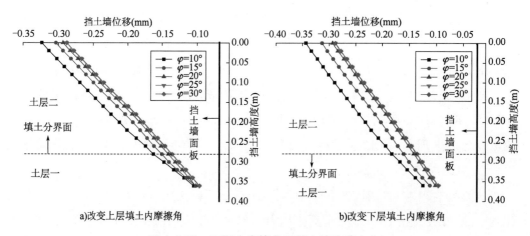

图4.3-30 不同内摩擦角下挡土墙位移变化

图 4.3-30 是改变上下层填土内摩擦角,挡土墙位移沿墙高的变化规律图。从图中可以看出,挡土墙的位移随着填土深度的增加呈线性减小,墙顶处位移最大,墙底处位移最小,挡土墙在平移的过程中同时绕墙趾转动(即 RBT 模式)。随着填土的内摩擦角越大,挡土墙的位移逐渐减小,所承受的土压力也越小,此时挡土墙的稳定性也越高。填土内摩擦角在力学上可以理解为块体在斜面上的临界自稳角,在这个角度内,块体是稳定的;当大于这个角度时,块体就会产生滑动。故内摩擦角越大,挡土墙越稳定的数值模拟结果越是有理论依据的。

4.3.4 模型试验、数值模拟及现场数据对比分析

依托工程位于广佛江快速通道江门段一标段,现场土压力传感器只埋设在泡沫轻质土土层中,下层填土中未埋设,而模型试验中为了研究层状泡沫轻质土下挡土墙受力及变形特性,不仅在泡沫轻质土土层中埋设了土压力传感器,而且还在普通填土中埋设了土压力传感器。为了说明室内模型是否合理,将三者数据进行对比,只取了泡沫轻质土土层中的土压力进行对比分析。

(1)扶壁迎土面土压力对比分析。

从图 4.3-31 中可以看出,现场实测土压力随挡土墙高度的增加近似呈线性增大,在泡沫轻质土底部出现峰值,其最大值为 176.4kPa,模型试验和数值模拟土压力沿挡土墙高度呈 D 形非线性分布,在距墙顶 4m 处出现峰值,其最大值依次为 151.88kPa、217.62kPa,数值模拟的结果约是现场实测的 1.23 倍,约是模型试验的 1.44 倍,因为数值模拟在假设泡沫轻质土的材料是均匀的,而现场和模型试验中在浇筑泡沫轻质土时,材料并不是均匀的,可能是上部的密度要小于下部的密度。同时数值模拟的结果比较理想化,而现场和模型试验受到很多条件的制约,导致其值要大于现场实测和模型试验的结果,但是其误差在允许的范围内。因此,依据现场为原型所设计的模型试验是合理可靠的。

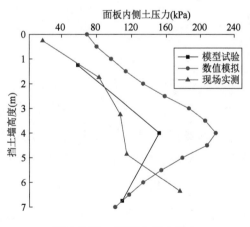

图 4.3-31 面板内侧土压力

(2) 扶壁迎土面土压力对比分析。

从图 4.3-32 中可以看出,三者的土压力分布规律近似一样,现场实测土压力随挡土墙高度的增加近似呈线性增大,其中第二个点出现了波动,在泡沫轻质土底部出现峰值,其最大值为 231kPa,模型试验和数值模拟土压力沿挡土墙高度呈近似呈线性增大,其最大值依次为 197kPa、233kPa,数值模拟的结果约是现场实测的 1.01 倍,约是模型试验的 1.18 倍,其三者的最大值相差不大,吻合度较好。

(3) 扶壁侧壁土压力对比分析。

从图 4.3-33 中可以看出,三者的土压力分布规律近似一样,现场实测土压力随挡土墙高度的增加近似呈线性增大,其中第四个点出现了波动,在泡沫轻质土底部出现峰值,其最大值为 142kPa,模型试验和数值模拟土压力沿挡土墙高度呈近似呈 D 形分布,其最大值依次为 97kPa、141kPa,数值模拟的结果约是现场实测的 1.01 倍,约是模型试验的 1.45 倍,其三者的最大值相差不大,吻合度较好。

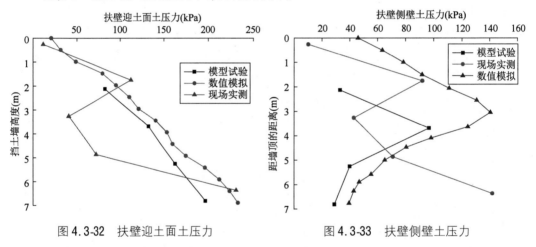

图 4.3-32 扶壁迎土面土压力　　　图 4.3-33 扶壁侧壁土压力

综上可知,采用 ABAQUS 数值分析软件建立模型,通过对挡土墙的侧向土压力进行分析,将现场实测、数值模拟和模型试验结果进行对比分析:现场实测、数值计算结果与模型试验数据吻合度较高,采用模型试验和有限元软件对多层填土路堤扶壁式挡土墙受力及变形特性分析是合理可行的。

4.4 层状填土主动土压力计算方法研究

实际工程中,挡土墙后分层填土是很常见的。在研究计算挡土墙土压力方面,国内外学者们大多数以均质土为研究对象,对墙后为层状填土特别是黏性土的研究很少。而本章的依托工程中,挡土墙墙后填土为层状填土,因此对成层填土的土压力研究非常有实际应用价值。针对现有分层法存在的缺陷,从原理上加以改进,忽略填土间的横向作用力,这样就避免了不合理假定带来的误差,使其能够应用于一般情况下的挡土墙。与现有方法相比,验证了本章方法的正确性。此外,对影响滑裂面倾角和土压力的关键因素进行了分析,探讨了上、下填土不同参数的影响效果。本章方法推导严密,大大增加了分层法的实用性,为工程中挡土墙土压力设计提供了更为合理、有效的方法。

4.4.1 双层黏性填土的主动土压力

针对朗肯和库伦理论的不足,本节推导出了考虑墙背倾斜、填土面倾斜、墙土黏聚力和墙土摩擦角等多种复杂因素在内的黏性土主动土压力的计算公式。

1)基本假定与计算模型

采用如下的基本假定:
(1)土体处于极限状态,各土层的破裂体沿着破裂面有滑动趋势;
(2)各土层内的土体是均匀、各向同性的;
(3)填土破坏是在平动模式下发生的,即采用平面破裂面假设;
(4)滑动土楔体为刚体,各层土的分层面为水平面;
(5)填土1和填土2之间的竖向作用分别为P_1,忽略了填土间的横向作用力。

建立如图4.4-1所示的计算模型,设挡土墙墙背与面竖直面夹角为θ,填土表面与水平面的夹角为β,填土1、填土2的破坏面与水平夹角分别为α_1、α_2、c_1、c_3为墙背与填土1、填土2间的黏着力,c_2、c_4为填土1、填土2的黏聚力,δ_1、δ_2为墙背对填土1、填土2摩擦角,φ_1、φ_2分别为填土1、填土2的内摩擦角,填土1的重度为γ_1,填土2的重度为γ_2,填土表面有均布荷载q,考虑黏性土表面出现裂缝的情况,设裂缝深度为Z_0,形成如图$ADEFG$的滑动体。

裂缝深度可按式(4.4-1)求出:

$$Z_0 = \frac{2c_2}{\gamma_2 \sqrt{K_{a2}}} - \frac{q}{\gamma_2} \quad (4.4\text{-}1)$$

式中:K_{a2}——土层n的朗肯主动土压力系数,其公式为$K_{a2} = \tan^2\left(\frac{\pi}{4} - \frac{\varphi_2}{2}\right)$,当$Z_0 < 0$时,取$Z_0 = 0$。

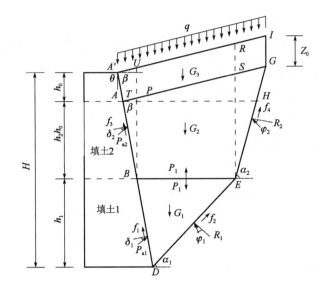

图 4.4-1 主动土压力模型

拉应力区高度为：

$$h_0 = z_0 \cdot \frac{\cos\theta\cos\beta}{\cos(\theta - \beta)} \quad (4.4\text{-}2)$$

根据图 4.4-1 的几何关系，可以得到：

$$\overline{BD} = \frac{1}{\cos\theta}, \overline{DE} = \frac{h_1}{\sin\alpha_1}$$

$$\overline{AB} = \frac{h_2 - h_0}{\cos\theta}, \overline{EH} = \frac{h_2 - h_0}{\sin\alpha_2}$$

$$\overline{BE} = \frac{h_1\cos(\alpha_1 - \theta)}{\cos\theta\sin\alpha_1}, \overline{AH} = \overline{BE} + (\tan\theta + \cot\alpha_2)(h_2 - h_0)$$

$$\overline{AG} = \frac{\overline{AH}\sin\alpha_2}{\sin(\alpha_2 - \beta)}, \overline{HG} = \frac{\overline{AH}\sin\beta}{\sin(\alpha_2 - \beta)}$$

$$\overline{EG} = \overline{EH} + \overline{HG}$$

2）第一层填土的主动土压力

取土层中的部分土体 BDE 为隔离体，考虑到上部挡土墙对上部土体 ABEG 有一个向上的力和一个水平力的作用，右上方土体对上部土体 ABEG 部分有一个向上的力和一个水平力的作用，因此我们近似用 BURE 部分土体自重来代替两层间的竖向作用力 P_1，近似认为 A'BU、ERIG 部分土体的重力由上部挡土墙和右上方土体承担。

取 BDE 土体作为隔离体,如图 4.4-2 所示,对土层一 BDE 进行受力分析。

(1)土体自重 G_1,根据几何关系可以得到:

$$G_1 = \gamma_1 \cdot S_{\Delta BDE} = \frac{1}{2}\gamma_1 h_1^2 \frac{\cos(\alpha_1 - \theta)}{\cos\theta\sin\alpha_1} \quad (4.4\text{-}3)$$

(2)挡土墙墙背对隔离体 BDE 的反力 P_{a1}(与墙背法线成 δ_1 角,与水平面夹角为 $\theta + \delta_1$);

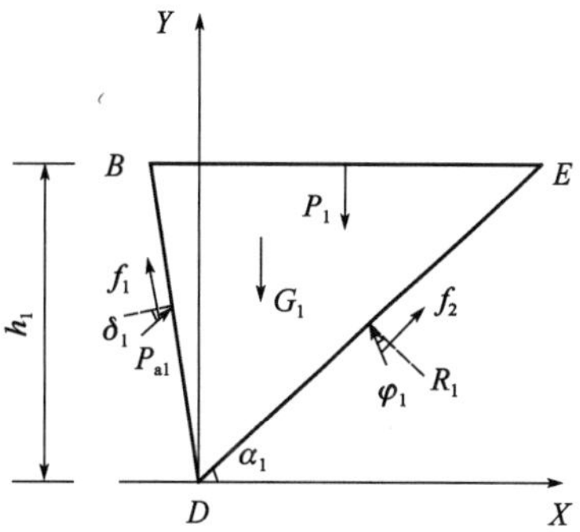

图 4.4-2　土层一计算模型

(3)滑裂面 DE 上的反力 R_1(与滑裂面法线成 φ_1 角,与水平面成 $90° - \alpha_1 + \varphi_1$);

(4)墙背 BD 上的黏着力 f_1:

$$f_1 = c_1 \cdot \overline{BD} = \frac{c_1 h_1}{\cos\theta} \quad (4.4\text{-}4)$$

(5)设滑裂面 DE 上的黏聚力 f_2:

$$f_2 = c_2 \cdot \overline{DE} = \frac{c_2 h_1}{\sin\alpha_1} \quad (4.4\text{-}5)$$

(6)设填土 1 与填土 2 之间的作用力 P_1,根据几何关系可以得到:

$$P_1 = \gamma_2 S_{\Box BURE} = \gamma_2 \times \left[\frac{1}{2}(\overline{BU} + \overline{ER})\overline{BE}\right] \quad (4.4\text{-}6)$$

建立滑动楔体的力系平衡方程:

由水平方向的静力平衡方程 $\sum X = 0$,得:

$$P_{a1}\cos(\theta + \delta_1) - R_1\sin(\alpha_1 - \varphi_1) + f_2\cos\alpha_1 - f_1\sin\theta = 0 \quad (4.4\text{-}7)$$

由竖直方向的静力平衡方程 $\sum Y = 0$,得:

$$P_{a1}\sin(\theta + \delta_1) + R_1\cos(\alpha_1 - \varphi_1) + f_2\sin\alpha_1 + f_1\sin\theta = G_1 + P_1 \quad (4.4\text{-}8)$$

将式(4.4-7) $\times \cos(\alpha_1 - \varphi_1)$ 得到:

$$P_{a1}\cos(\theta + \delta_1)\cos(\alpha_1 - \varphi_1) - R_1\sin(\alpha_1 - \varphi_1)\cos(\alpha_1 - \varphi_1) +$$
$$f_2\cos\alpha_1\cos(\alpha_1 - \varphi_1) - f_1\sin\theta\cos(\alpha_1 - \varphi_1) = 0 \quad (4.4\text{-}9)$$

将式(4.4-8) $\times \sin(\alpha_1 - \varphi_1)$ 得到:

$$P_{a1}\sin(\theta + \delta_1)\sin(\alpha_1 - \varphi_1) + R_1\cos(\alpha_1 - \varphi_1)\sin(\alpha_1 - \varphi_1) +$$
$$f_2\sin\alpha_1\sin(\alpha_1 - \varphi_1) + f_1\cos\theta\sin(\alpha_1 - \varphi_1) = (G_1 + P_1)\sin(\alpha_1 - \varphi_1) \quad (4.4\text{-}10)$$

将式(4.4-9)和式(4.4-10)相加,代入各表达式,有:

$$P_{a1} = \frac{(G_1 + P_1)\sin(\alpha_1 - \varphi_1) - f_2\cos\varphi_1 + f_1\sin(\theta + \varphi_1 - \alpha_1)}{\cos(\alpha_1 - \varphi_1 - \theta - \delta_1)}$$

化简并整理得到:

$$P_{a1} = \frac{1}{2}\gamma_1 h_1^2 \frac{\cos(\alpha_1 - \theta)\sin(\alpha_1 - \varphi_1)}{\cos\theta\sin\alpha_1\cos(\alpha_1 - \varphi_1 - \theta - \delta_1)} +$$

$$(\gamma_2(h_2 - h_0) + \gamma_2 z_0)h_1 \frac{\cos(\alpha_1 - \theta)\sin(\alpha_1 - \varphi_1)}{\cos\theta\sin\alpha_1\cos(\alpha_1 - \varphi_1 - \theta - \delta_1)} -$$

$$h_1 \frac{\cos\theta\cos\varphi_1 \cdot c_2 + \sin\alpha_1\sin(\alpha_1 - \varphi_1 - \theta) \cdot c_1}{\cos\theta\sin\alpha_1\cos(\alpha_1 - \varphi_1 - \theta - \delta_1)} \tag{4.4-11}$$

将上式改写成库仑土压力形式:

$$P_{a1} = \frac{1}{2}\gamma_1 h_1^2 K_{a1} \tag{4.4-12}$$

$$K_{a1} = \frac{A_1\sin(\alpha_1 - \varphi_1)\cos(\alpha_1 - \theta)}{\sin\alpha_1\cos(\alpha_1 - \varphi_1 - \theta - \delta_1)} - \frac{A_3 + A_2\sin\alpha_1\sin(\alpha_1 - \varphi_1 - \theta)}{\sin\alpha_1\cos(\alpha_1 - \varphi_1 - \theta - \delta_1)} \tag{4.4-13}$$

其中:

$$A_1 = \frac{1}{\cos\theta} + \frac{2[\gamma_2 h_2 + \cdots + \gamma_n(h_n - h_0) + \gamma_n z_0]}{\gamma_1 h_1 \cos\theta}$$

$$A_2 = \frac{2c_1}{\gamma_1 h_1 \cos\theta}$$

$$A_3 = \frac{2c_2\cos\varphi_1}{\gamma_1 h_1}$$

从式(4.4-11)中可以看出,P_{a1}是滑裂面倾角 α_1 的函数,为求土层一的主动土压力,对 P_{a1} 求导,并令 $\dfrac{\mathrm{d}P_{a1}}{\mathrm{d}\alpha_1} = 0$。可以先将式(4.4-13)改写成下式:

$$K_{a1} = \frac{A_1 \cdot [\sin(2\alpha_1 - \varphi_1 - \theta) - \sin(\varphi_1 - \theta)]}{\sin(2\alpha_1 - \varphi_1 - \theta - \delta_1) + \sin(\varphi_1 + \delta_1 + \theta)} -$$

$$\frac{2A_3 - A_2[\cos(2\alpha_1 - \varphi_1 - \theta) - \cos(\varphi_1 + \theta)]}{\sin(2\alpha_1 - \varphi_1 - \theta - \delta_1) + \sin(\varphi_1 + \delta_1 + \theta)} \tag{4.4-14}$$

并令 $x = 2\alpha_1 - \varphi_1 - \delta_1 - \theta$,则 K_{a1} 可改写成下式:

$$K_{a1} = \frac{A_1 \cdot [\sin(x + \delta_1) - \sin(\varphi_1 - \theta)] + A_2 \cdot [\cos(x + \delta_1) - \cos(\varphi_1 - \theta)] - 2A_3}{\sin x + \sin(\varphi_1 + \delta_1 + \theta)}$$

$$\tag{4.4-15}$$

由 $2\dfrac{\mathrm{d}P_{a1}}{\mathrm{d}x}=0$，得：

$$[A_1\cos(x+\delta_1)-A_2\sin(x+\delta_1)]\cdot[\sin x+\sin(\varphi_1+\delta_1+\theta)]-$$
$$\cos x\{A_1[\sin(x+\delta_1)-\sin(\varphi_1-\theta)]+A_2[\cos(x+\delta_1)-\cos(\varphi_1+\theta)]-2A_3\}=0$$

(4.4-16)

将式(4.4-16)化简，代入各子式，整理得：

$$B_1\cos x-B_2\sin x=B_3 \qquad (4.4\text{-}17)$$

其中：

$$B_1=A_1\sin(\varphi_1+\delta_1+\theta)\cos\delta_1+A_1\sin(\varphi_1-\theta)+2A_3-A_2\sin(\varphi_1+\delta_1+\theta)\sin\delta_1+A_2\cos(\varphi_1-\theta)$$
$$B_2=A_1\sin(\varphi_1+\delta_1+\theta)\sin\delta_1+A_2\sin(\varphi_1+\delta_1+\theta)\cos\delta_1$$
$$B_3=A_1\sin\delta_1+A_2\cos\delta_1$$

从而解得临界滑裂面倾角 α_{cr} 方程为：

$$\sin(2\alpha_{cr}-\varphi_1-\delta_1-\theta)=\dfrac{-B_2B_3+B_1\sqrt{B_1^2+B_2^2+B_3^2}}{B_1^2+B_2^2} \qquad (4.4\text{-}18)$$

将上式求得的 α_{cr} 代入式(4.4-12)、式(4.4-13)，即可求得土层一的主动土压力。土层一的主动土压力作用点离墙底的距离为：

$$Z_{a1}=\dfrac{h_1}{3} \qquad (4.4\text{-}19)$$

3）第二层填土的主动土压力

取土层中的 $ABEG$ 为隔离体时，然后利用一般情况下主动土压力公式计算土层二主动土压力。

取 $ABEG$ 土体作为隔离体，如图 4.4-3 所示，对土层二 $ABEG$ 进行受力分析。

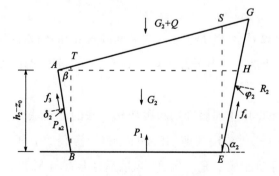

图 4.4-3　土层二计算模型

(1) 土体自重 G_2，根据几何关系可以得到：

$$G_2 = \gamma_2 \cdot (S_{\square ABEH} + S_{\triangle AHG}) = \gamma_2 \times \left[\frac{1}{2}(\overline{BE} + \overline{AH}) \cdot (h_2 - h_0) + \frac{1}{2}\overline{AH} \cdot \overline{HG}\sin\alpha_2\right]$$

(4.4-20)

(2) 挡土墙墙背对隔离体 ABEG 的反力 P_{a2}（与墙背法线成 δ_2 角，与水平面夹角为 $\theta + \delta_2$）；

(3) 滑裂面 EG 上的反力 R_2（与滑裂面法线成 φ_2 角，与水平面成 $90° - \alpha_2 + \varphi_2$）；

(4) 墙背 AB 上的黏着力 f_3：

$$f_3 = c_3 \cdot \overline{AB} = \frac{c_3 h_2}{\cos\theta}$$

(4.4-21)

(5) 设滑裂面 EG 上的黏聚力 f_4：

$$f_4 = c_4 \cdot \overline{EG}$$

(4.4-22)

建立滑动楔体的力系平衡方程。

由水平方向的静力平衡方程 $\sum X = 0$ 得：

$$P_{a2}\cos(\theta + \delta_2) - R_2\sin(\alpha_2 - \varphi_2) + f_4\cos\alpha_2 - f_3\sin\theta = 0 \quad (4.4\text{-}23)$$

由竖直方向的静力平衡方程 $\sum Y = 0$，得：

$$P_{a2}\sin(\theta + \delta_2) + R_2\cos(\alpha_2 - \varphi_2) + f_4\sin\alpha_2 + f_3\cos\theta = G_2 + G_3 + Q - P_1$$

(4.4-24)

将式(4.4-22)$\times \cos(\alpha_2 - \varphi_2)$ + 式(4.4-23)$\times \sin(\alpha_2 - \varphi_2)$ 代入各表达式，联立求解得：

$$P_{a2} = \frac{(G_2 + G_3 + Q - P_1)\sin(\alpha_2 - \varphi_2) - f_4\cos\varphi_4 + f_3\sin(\theta + \varphi_2 - \alpha_2)}{\cos(\alpha_2 - \varphi_2 - \theta - \delta_2)}$$

(4.4-25)

从式(4.4-25)可以看出，P_{a2} 是土层二滑裂面倾角 α_2 的函数，但此时 α_2 不是一个自由参数。因为双层填土的主动土压力是关于 α_1 和 α_2 的函数，两层填土之间的破裂角是存在一定的关系。

假定土体遵循摩尔-库伦屈服准则和服从相关联的流动法则。对于服从库伦强度条件的土体，土体处于塑性流动或剪切滑动状态时，滑裂面上任意一点处的应变速度矢量 V 与该点处的滑动面成 φ 角。因此，当墙后两层填土随挡土墙前移或绕墙底转动，墙后土体以同一速度 V 斜向下滑动，如图4.4-4所示，则有 $\alpha_1 - \varphi_1 = \alpha_2 - \varphi_2$，这样才能保证墙后两层土以同一速度斜向下滑动,自然也满足了墙后两层填土的变形协调条件。

由关系式 $\alpha_1 - \varphi_1 = \alpha_2 - \varphi_2$,得

$$\alpha_2 = \alpha_1 - \varphi_1 + \varphi_2 \quad (4.4\text{-}26)$$

相当于确定了土层二的滑裂面倾角,将式(4.4-26)代入式(4.4-18)就可以解出土层二的滑裂面倾角,将其代入式(4.4-25),从而求得土层二的主动土压力。

土层二主动土压力作用点距离墙底位置:

$$Z_{a2} = \frac{h_2}{3} + h_1 \quad (4.4\text{-}27)$$

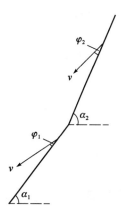

图 4.4-4 服从相关流动法则时填土的运动形式

4)双层黏性填土的总主动土压力及合力作用点

总的主动土压力合力为:

$$P_a = \sqrt{(\sum_{i=1}^{2} P_{ai}\sin\delta_i)^2 + (\sum_{i=1}^{2} P_{ai}\sin\delta_i)^2} \quad (4.4\text{-}28)$$

合力作用点距离墙踵的高度:

$$Z_a = \frac{\sum_{i=1}^{2} P_{ai}(\theta + \cos\delta_i) \cdot z_{ai}}{P_a \cos(\theta + \alpha)} \quad (4.4\text{-}29)$$

式中:α——总主动土压力与挡土墙垂直面的夹角。

$$\tan\alpha = \frac{\sum_{i=1}^{2} P_{ai}\sin\delta_i}{\sum_{i=1}^{2} P_{ai}\cos\delta_i} \quad (4.4\text{-}30)$$

5)与单层土主动土压力比较

当参数 $\varphi_1 = \varphi_2, \gamma_1 = \gamma_2, c_1 = c_3, c_2 = c_4, \delta_1 = \delta_2$ 时,填土 1、填土 2 性质相同,即挡土墙后为同一填土,因此填土 1、填土 2 之间的相互作用力可忽略不计,此时 $\alpha_1 = \alpha_2, h = h_1 + h_2 - h_0$,将这两个式子代入式(4.4-11)、式(4.4-25)和式(4.4-26),可以得到:

$$\begin{aligned}P &= P_{a1} + P_{a2} = \frac{(G_1 + P_1)\sin(\alpha_1 - \varphi_1) - f_2\cos\varphi_1 + f_1\sin(\theta + \varphi_1 - \alpha_1)}{\cos(\alpha_1 - \varphi_1 - \theta - \delta_1)} + \\ &\quad \frac{(G_2 + G_3 + Q - P_1)\sin(\alpha_2 - \varphi_2) - f_4\cos\varphi_2 + f_3\sin(\theta + \varphi_2 - \alpha_2)}{\cos(\alpha_2 - \varphi_2 - \theta - \delta_2)} \\ &= \frac{(G_1 + G_2 + G_3 + Q)\sin(\alpha_1 - \varphi_1) - (f_2 + f_4)\cos\varphi_1 + (f_1 + f_3)\sin(\theta + \varphi_1 - \alpha_1)}{\cos(\alpha_1 - \varphi_1 - \theta - \delta_1)}\end{aligned}$$

$$(4.4\text{-}31)$$

化简并整理,得:

$$P = \frac{1}{2}\gamma h^2 \frac{\cos(\alpha_1-\beta)\cos(\alpha_1-\theta)\sin(\alpha_1-\varphi)}{\cos^2\theta\sin(\alpha_1-\beta)\cos(\alpha_1-\varphi-\theta-\delta)} +$$

$$(q+\gamma z_0) \times \frac{\cos\beta\cos(\alpha_1-\theta)\sin(\alpha_1-\varphi)}{\cos\alpha_1\sin(\alpha_1-\beta)\cos(\alpha_1-\varphi-\theta-\delta)} -$$

$$h\frac{\cos(\alpha_1-\beta)\cos\varphi \cdot c_1 + \sin(\alpha_1-\beta)\sin(\alpha_1-\varphi-\theta) \cdot c_2}{\cos\varepsilon\sin(\alpha_1-\beta)\cos(\alpha_1-\varphi_1-\theta-\delta)} \quad (4.4\text{-}32)$$

而根据文献,单层土的主动土压力公式为:

$$P = \frac{1}{2}\gamma h^2 \frac{\cos(\varepsilon-\beta)\cos(\theta-\varepsilon)\sin(\theta-\varphi)}{\cos^2\varepsilon\sin(\theta-\beta)\cos(\theta-\varphi-\varepsilon-\delta)} +$$

$$(q+\gamma z_0) \times \frac{\cos\beta\cos(\theta-\varepsilon)\sin(\theta-\varphi)}{\cos\theta\sin(\theta-\beta)\cos(\theta-\varphi-\varepsilon-\delta)} -$$

$$h\frac{\cos(\theta-\beta)\cos\varphi \cdot c_1 + \sin(\theta-\beta)\sin(\theta-\varphi-\varepsilon) \cdot c_2}{\cos\varepsilon\sin(\theta-\beta)\cos(\theta-\varphi-\varepsilon-\delta)} \quad (4.4\text{-}33)$$

通过对比两式,可以看出,两者的主动土压力表达式完全一致。因此,可以得出挡土墙后两层填土的性质相同时,双层土的主动土压力可以退化为单层土的主动土压力公式。即单层土主动土压力是双层土主动土压力在简单条件下的一个特例。

4.4.2 算例及比较分析

由于本章模型试验以依托工程为原型,其墙后土压力处于主动土压力和静止土压力之间的非极限状态,试验中无法得到层状填土下的主动土压力,原因可能跟墙后填土的材料有关。泡沫轻质土其直立性较好,当转动挡土墙后的位移杆时,挡土墙与墙后填土脱开,无法同步测出墙后土压力,而层状填土下挡土墙主动土压力公式是基于极限状态下推导出的,该公式不能直接用于模型试验的验证。

为了验证推导的公式是否合理,墙后填土采用砂土进行填筑,通过位移杆控制挡土墙的变位模式,同时用相同的速率转动位移杆,用百分表控制挡土墙平移的距离,同时监测挡土墙在平移过程中各阶段的土压力值变化。

试验时,墙后填土采用砂土进行填筑,通过位移杆控制挡土墙的变位模式,同时用相同的速率转动位移杆,用百分表控制挡土墙平移的距离,同时监测挡土墙在平移过程中,各阶段的土压力值变化。挡土墙平移时,在不同位移阶段,其面板内侧、扶壁侧壁、扶壁迎土面均表现出类似的规律,因此,以面板内侧土压力进行分析,墙后土压力沿深度的分布如图 4.4-5 所示,图中 S 为挡土墙水平位移。

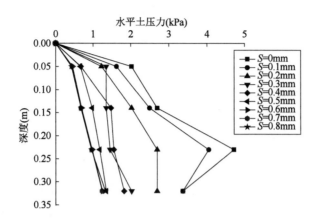

图 4.4-5 T 模式下面板内侧土压力分布

从图 4.4-5 中可以看出,面板内侧的土压力分布规律发生变化,开始呈现出"中间大,两边小"的非线性分布规律,随着挡土墙平移的过程中,土压力近似呈线性分布。

由于挡土墙发生背离土体的位移,墙后土压力由开始的静止土压力逐渐减小,随着挡土墙位移不断增大,水平土压力也不断发展,同一深度处的土压力逐渐减小,当墙体达到一定位移后,土压力值趋于稳定,墙后土体达到主动极限平衡状态。

模型试验中,挡土墙高 $H=0.4\mathrm{m}$,填土面水平,墙背竖直,砂土的黏聚力 $c=0\mathrm{kPa}$,内摩擦角 $\varphi=35.8°$,重度 $\gamma=16.13\mathrm{kN/m^3}$ 计算时,砂土与挡土墙墙面的内摩擦角 $\delta=\varphi/2$,砂土与挡土墙墙面的黏着力 $c'=\frac{1}{2}c$,其计算结果见表 4.4-1。

试验与理论计算结果比较　　　　　　表 4.4-1

参数名称	模型试验	本章方法
土压力合力(kN/m)	0.213	0.1967
合力作用点(m)	0.142	0.134

从表 4.4-1 中可以看出,模型试验的结果与本章理论公式计算的结果误差较小,试验值略大于理论值,两者结果吻合度较高,原因可能是实际中,砂土有一定的黏聚力,其值很小,可以忽略不计,因此在计算时将其值取为 0。

4.5 路堤挡土墙优化设计分析

4.5.1 依托工程挡土墙分析

路堤扶壁式挡土墙位于 K10+297~K10+397 路段,路堤填筑高度约为 11m,由于该路段位于水鱼塘段落,淤泥、淤泥质土厚 11m,下伏砂质黏性土、全风化花岗岩,因此采用换填泡沫轻质土的方法,路堤正常填筑 4.3m,换填轻质土 6.7m。根据工程情况,对选用路堤扶壁式挡土墙的设计方案及施工方案进行介绍,并用理论方法进行计算。

1)路堤扶壁式挡土墙设计尺寸

路堤扶壁式挡土墙设计尺寸如图 4.5-1 所示。

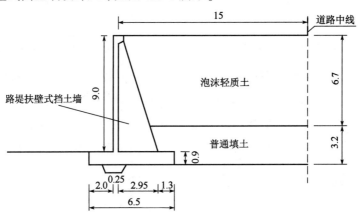

图 4.5-1 路堤扶壁式挡土墙设计方案(尺寸方案:m)

2)具体参数

(1)墙体材料为 C25 水泥混凝土,重度为 $24kN/m^3$。
(2)墙后第一层填土泡沫轻质土,内摩擦角为 6°,黏聚力为 120kPa,重度为 $6kN/m^3$,第二层填土填料为透水性材料,内摩擦角为 35°,黏聚力为 10kPa,重度为 $19kN/m^3$。
(3)对挡土墙的地基进行了碎石换填,达到密实效果,承载力特征值 $f_k=400kPa$。
(4)基底填土为碎石土,故基底与地基摩擦因数取 0.5。
(5)车辆荷载和面层荷载取值为 $18kN/m^2$。

3）广佛江快速通道江门段挡土墙实例计算

(1) 主动土压力计算。

由于本工程中挡土墙基础埋设为1m，根据被动土压力计算原则，可以不用考虑该挡土墙的被动土压力。

计算得到主动土压力值：$E_a = \frac{1}{2}\gamma K_a H^2 = 141.552 (\text{kN/m})$

$$E_x = E\cos(\alpha + \delta) = 94.72(\text{kN/m}) \quad E_y = E\sin(\alpha + \delta) = 105.2(\text{kN/m})$$

土压力水平分量的作用点到墙趾的距离：$Z_y = 2.641\text{m}$；

土压力竖直分量的作用点到墙趾的距离：$Z_x = 4.334\text{m}$。

(2) 挡土墙自重及填土重力。

①立板和底板自重。

钢筋混凝土标准重度 $\gamma_c = 24\text{kN/m}^3$，其自重为：

$$G_{1k} = (0.25 \times 9 + 0.9 \times 6.5) \times 24 = 194(\text{kN/m})$$

$$x_1 = \frac{0.25 \times 9 \times (2 + 0.125) + 0.9 \times 6.5 \times \frac{6.5}{2}}{0.25 \times 9 + 0.9 \times 6.5} = 2.94(\text{m})$$

②填土重以及地面均布荷载总量。

$$G_{2k} = \frac{1}{2} \times 4 \times 1.3 \times 6 + \frac{1}{2} \times (1.3 + 2.95) \times 5 \times 19 = 217.475(\text{kN/m})$$

$$x_2 = 2 + 0.25 + 0.98 = 3.23(\text{m})$$

(3) 基底合力偏心距验算。

$$e_0 = \left|\frac{M_k}{N_k}\right| = 0.28(\text{m}) < \frac{B}{6} = 1.08(\text{m})$$

所以，满足要求。

(4) 地基承载力验算。

$$P_{\max} = \frac{\sum V}{B}\left(1 + \frac{6e}{B}\right) = 98.19(\text{kPa}) < f_a' = 300(\text{kPa})$$

$$P_{\min} = \frac{\sum V}{B}\left(1 - \frac{6e}{B}\right) = 57.86(\text{kPa}) > 0$$

所以，满足要求。

(5) 挡土墙及基础沿基底平面的滑动稳定验算。

根据《公路挡土墙设计与施工技术细则》中相关规定可知：计算挡土墙及地基稳定

时,荷载效应应按承载能力极限状态下的作用效应组合。

竖向力之和:

$$\sum N = G_{1k} + G_{2k} + E_y = 517.08(\text{kN})$$

抗滑力:

$$\mu \sum N = 258.54(\text{kN})$$

滑移力:

$$E_{ax} = 94.72(\text{kN})$$

$$K_s = \frac{\mu \sum N}{E_{ax}} = 2.73 > 1.3$$

所以,满足抗滑移稳定性要求。

(6)挡土墙绕墙趾点的倾覆稳定验算。

由于挡土墙埋深较浅,故不计墙前填土的被动土压力。

稳定力矩:

$$M_{zk} = G_{1k}x_1 + G_{2k}x_2 + E_y x_f = 1729.43(\text{kN/m})$$

倾覆力矩:

$$M_{qk} = E_{ax}z_f = 251(\text{kN/m})$$

其抗倾覆稳定系数如下:

$$K_1 = \frac{M_{zk}}{M_{qk}} = 6.89 > 1.6$$

4.5.2 依托工程挡土墙优化分析

1)不同高度路堤扶壁式挡土墙优化分析

以现场工程为依托,采用有限元方法,分析 6m、8m、10m 三种高度下挡土墙墙背土压力分布、墙背摩阻力分布以及墙体位移。分析整理数据,对挡土墙的抗滑稳定系数、抗倾覆稳定系数、截面强度以及合力偏心距进行验算,并拟合以上各项指标随着挡土墙高度变化的曲线,计算得到不同墙高下底板的最小宽度,拟合最小底板宽度与墙高的关系曲线,在此基础上对其进行优化分析。

2)墙身截面强度

挡土墙设计强度 V_d 与挡土墙墙背所受最大正应力 V 之比 V_d/V 记为挡土墙截面强

度储备，V_d/V 大于或等于 1 时截面强度满足要求。挡土墙截面强度储备与挡土墙高度关系如图 4.5-2 所示。

从图 4.5-2 中可以看出，挡土墙截面强度储备随着墙高的增大逐渐减小，呈现二次曲线形式，经过曲线拟合，可以得出以下公式：$y = 0.1813x^2 - 3.093x + 15.184$，拟合度 $R^2 = 0.99563$。

抗倾覆稳定系数与挡土墙高度关系如图 4.5-3 所示。

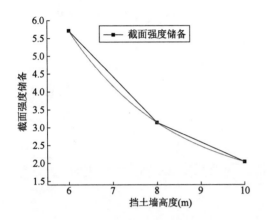

图 4.5-2 截面强度与挡土墙高度关系

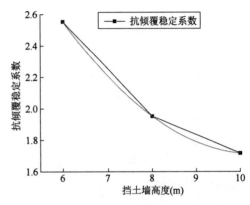

图 4.5-3 抗倾覆稳定系数与挡土墙高度关系

从图 4.5-3 中可以看出，挡土墙抗倾覆稳定系数随着挡土墙高度的增大逐渐减小，呈现二次曲线形式，经过曲线拟合，可以得出以下公式：$y = 0.0455x^2 - 0.755x + 4.845$，拟合度 $R^2 = 0.98563$。

抗滑稳定系数与挡土墙高度关系曲线如图 4.5-4 所示。

从图 4.5-4 中可以看出，挡土墙抗滑稳定系数随着挡土墙高度的增大逐渐减小，呈现二次曲线形式，经过曲线拟合，可以得出以下公式：$y = -0.035x^2 + 0.579x + 0.091$，拟合度 $R^2 = 0.97423$。

根据规定，抗倾覆稳定系数不小于 1.5，抗滑稳定系数不小于 1.3，截面强度储备 V_d/V 不小于 1，按拟合方程计算，14m 以下时截面强度储备、抗倾覆稳定系数及抗滑稳定系数均满足要求，当墙高大于 14m 时，抗滑稳定系数不再满足要求。

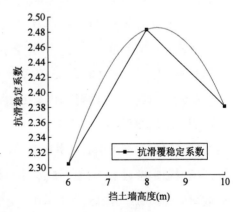

图 4.5-4 抗滑稳定系数与挡土墙高度关系图

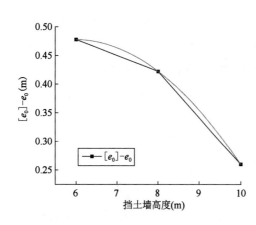

图4.5-5 挡土墙高度与$[e_0]-e_0$的关系

合力偏心距容许值$[e_0]$大于正截面上轴力合力偏心距e_0,即$[e_0]-e_0>0$。把从数值模拟中计算得出的合力、合力作用点距墙底的距离代入理论公式中,可以得出不同墙高下的相应值如图4.5-5所示。

从图4.5-5中可以看出,$[e_0]-e_0$随着挡土墙高度的增大逐渐减小,呈现二次曲线形式,经过曲线拟合,可以得出以下公式:$y=-0.0128x^2+0.0988x+0.294$,拟合度$R^2=0.99233$。根据公式计算知,当挡土墙高度等于10m的时候,$[e_0]-e_0=0.002$,当挡土墙高度大于10m的时候,$[e_0]-e_0<0$。

综合比较,在底板宽度及现场条件相同情况下,现场路基填筑高度为10m,因此挡土墙高度应做到10m。

3)不同底板宽度路堤挡土墙优化分析

分别计算挡土墙高度6m、8m、10m时挡土墙的允许最小底板宽度。

(1)挡土墙高度6m。

当底板宽度减至2.8m,抗滑稳定系数1.348>1.3,满足规范要求。

抗倾覆稳定系数1.813>1.5,满足规范要求。

截面偏心距$e_0=0.141$,$[e_0]=0.325$,$e_0<[e_0]$,符合要求。

当底板宽度减薄至2.7m,抗滑稳定系数1.26<1.3,满足规范要求。

抗倾覆稳定系数1.786>1.5,不满足规范要求。

因此,挡土墙底板宽度可优化至2.8m。

(2)挡土墙高度8m。

当底板宽度减至3.9m,抗滑稳定系数1.998>1.3,满足规范要求。

抗倾覆稳定系数1.541>1.5,满足规范要求。

截面偏心距$e_0=0.215$,$[e_0]=0.4$,$e_0<[e_0]$,符合偏心距要求。

当底板宽度减至3.8m,抗滑稳定系数1.877>1.3,满足规范要求。

抗倾覆稳定系数1.441<1.5,不满足规范要求。

因此,挡土墙底板宽度可优化至3.9m。

(3)挡土墙高度10m。

由本章知,挡土墙底板宽度可优化至4.6m。

挡土墙底板宽度与挡土墙高度关系如图4.5-6所示。

从图4.5-6中可以看出,挡土墙底板宽度随着挡土墙高度的增大呈二次曲线增长,经过曲线拟合,可以得出以下公式:$y = -0.05x^2 + 1.25x - 2.9$,拟合度$R^2 = 1$。其中$y$为挡土墙底板宽度,$x$为挡土墙高度。

优化后的挡土墙尺寸如图4.5-7所示。

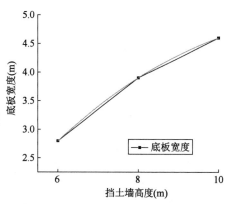

图4.5-6 挡土墙底板宽度与挡土墙高度关系图

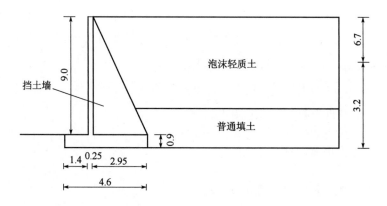

图4.5-7 优化后的路堤挡土墙设计方案(尺寸单位:m)

4)不同换填深度下路堤挡土墙优化分析

分别计算泡沫轻质土换填深度为0m、4m、8m、10m情况下挡土墙允许的最小扶肋底面的宽度。

(1)泡沫轻质土换填深度为0m。

当扶肋宽度减至2.9m,抗滑稳定系数1.31>1.3,满足规范要求。

抗倾覆稳定系数3.25>1.5,满足规范要求。

截面偏心距$e_0 = 0.2$,$[e_0] = 0.77$,$e_0 < [e_0]$,符合要求。

当扶肋宽度减至2.8m,抗滑稳定系数1.29<1.3,不满足规范要求。

抗倾覆稳定系数3.15>1.5,满足规范要求。

因此,挡土墙扶肋宽度可优化至2.9m。

(2)泡沫轻质土换填深度为4m。

当扶肋宽度减至1.7m,抗滑稳定系数1.36>1.3,满足规范要求。

抗倾覆稳定系数2.99>1.5,满足规范要求。

截面偏心距$e_0=0.74$,$[e_0]=0.77$,$e_0<[e_0]$,符合要求。

当扶肋宽度减至1.6m,抗滑稳定系数1.28<1.3,不满足规范要求。

抗倾覆稳定系数2.91>1.5,满足规范要求。

因此,挡土墙扶肋宽度可优化至1.7m。

(3)泡沫轻质土换填深度为8m。

当扶肋宽度减至1m,抗滑稳定系数1.528>1.3,满足规范要求。

抗倾覆稳定系数2.81>1.5,满足规范要求。

截面偏心距$e_0=0.7$,$[e_0]=0.77$,$e_0<[e_0]$,符合要求。

当扶肋宽度减至0.9m,抗滑稳定系数1.48>1.3,满足规范要求。

抗倾覆稳定系数2.76>1.5,满足规范要求。

截面偏心距$e_0=0.79$,$[e_0]=0.77$,$e_0>[e_0]$,不符合要求。

因此,挡土墙扶肋宽度可优化至0.9m。

5)泡沫轻质土换填深度为10m

同理,挡土墙扶肋宽度可优化至0.8m。

挡土墙扶肋宽度与泡沫轻质土换填高度关系曲线如图4.5-8所示。

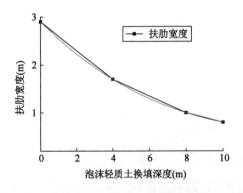

图4.5-8 扶肋宽度与泡沫轻质土换填深度的关系

从图4.5-8中可以看出,挡土墙扶肋宽度随着泡沫轻质土换填深度的增大呈开口向上的三次曲线减小,经过曲线拟合,可以得出以下公式:$y=-0.0003125x^3+0.01937x^2-0.3725x+2.9$,拟合度$R^2=0.9983$。其中$y$为挡土墙扶肋宽度,$x$为泡沫轻质土的换填深度。

优化后的挡土墙尺寸如图 4.5-9 所示。

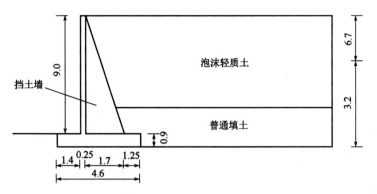

图 4.5-9　优化后的路堤挡土墙设计方案(尺寸单位:m)

第 5 章
CHAPTER 5

深厚软土地基泡沫轻质土路基超载预压控制标准

对于在软土地基上修建公路,由于软土本身其含水率高,对软土地基而言,在外荷载作用下,其沉降一般比较大,通常在建造前会进行较长时间的堆载预压,以消除大部分固结沉降和次固结沉降。根据预压荷载和永久使用荷载大小的相对关系,堆载预压分为超载预压、等载预压和欠载预压三种方式。超载是临时荷载,在完成预定计划即持续作用达到一定时间后必须卸荷到等载水平,等载状况才是建筑物的最终荷载条件。实际中对于深厚软土地基,或工后沉降要求比较高的路段,往往采用超载预压法,超载预压法处理软基不仅具有很好的加固效果,而且可以大大缩短工期。

由于广佛江快速通道江门段一标段软土路基处理工程部分路段已填筑,采用泡沫轻质土对路基进行换填后,地基可能处于超载预压状态下。超载预压是软土地基处理中加速沉降、缩短预压期的一种有效措施,但存在着确定合理卸载时间的技术难题。由于软土的超固结特性,超载预压地基沉降速率在卸载前后将发生较大的变化,因此,其卸载控制标准有别于一般等载预压。相比等载预压,确定超载预压条件下软土地基卸载时机要困难得多,目前尚无具体的评判标准,需要进行专门的研究。因此,依托广佛江快速通道江门段一标段软土地基工程,开展深厚软土地基泡沫轻质土路基超载预压控制标准研究很有必要。

5.1 预压荷载下软土地基沉降理论

5.1.1 超载预压原理

超载预压是将一超过原设计荷载 p_f 的过量荷载 p_s 加在软土地基上(p_s/p_f 称为超载系数),经超载预压一段时间后,再移去 p_s。经过超载预压后,如受压土层各点的有效竖向应力大于设计荷载引起的相应点的附加总应力,则今后在设计荷载作用下地基土将不会再发生主固结沉降,同时减小次固结沉降,并推迟次固结沉降的发生,如图 5.1-1 所示。

在实际工程中应用超载预压,需要解决以下两个问题:确定所需超载压力值 p_s,以保证设计荷载 p_f 作用下预期的总沉降量在给定的时间内完成;确定在给定超载下达到预定沉降量所需要的时间。

在预压过程中,任意一时间地基的沉降量可表示为:

$$S_t = S_d + \overline{U}_t S_c + S_s \quad (5.1\text{-}1)$$

式中:S_t——t 时刻地基的沉降量;

S_d——由于剪切变形而引起的瞬时沉降量;

$\overline{U}_t$——t 时刻地基的平均固结度;

S_c——最终固结沉降量;

S_s——次固结沉降量。

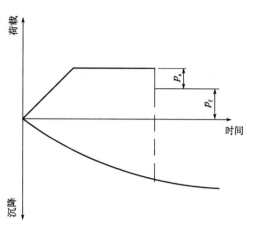

图 5.1-1 超载预压示意图

根据式(5.1-1)即可解决上面的两个问题,具体叙述如下。

若只考虑主固结沉降的情况,在设计荷载 p_f 以及在设计荷载加超载 $p_f + p_s$ 作用下,正常固结黏土的最终固结沉降量(图 5.1-2)可按下式计算(应按分层总和法计算,为简化说明起见,视为均质地基):

$$S_f = \frac{2H}{1+e_0} C_c \lg\left(\frac{p_0 + p_s}{p_0}\right) \quad (5.1\text{-}2)$$

$$S_{f+s} = \frac{2H}{1+e_0} C_c \lg\left(\frac{p_0 + p_f + p_s}{p_0}\right) \quad (5.1\text{-}3)$$

式中:$2H$——双面排水黏土层的厚度;

e_0——初始孔隙比;

C_c——压缩指数;

p_0——地基中初始平均有效应力。

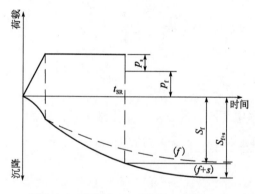

图 5.1-2 堆载预压引起的主固结沉降

在 $p_f + p_s$ 作用时间 t_{SR} 时,黏土层的平均固结度为 U_{f+s},若满足下式则仅在 p_f 作用下不会发生进一步固结沉降。

$$S_f = U_{f+s} S_{f+s} \quad (5.1\text{-}4)$$

将式(5.1-2)、式(5.1-3)代入式(5.1-4),则得到:

$$U_{f+s} = \frac{\lg\left(1 + \dfrac{p_f}{p_0}\right)}{\lg\left[1 + \left(\dfrac{p_f}{p_0}\right)\left(1 + \dfrac{p_s}{p_f}\right)\right]} \quad (5.1\text{-}5)$$

根据式(5.1-5)和固结理论,就可确定在 p_f+p_s 作用下达到 U_{f+s} 时所需时间 t_{SR}。同样也可求得在规定时间(如 t_{SR} 内),达到 S_f 沉降量所需的超载 p_s。

式(5.1-5)的推导依赖于现有平均上覆压力 p_0,只有超过过去的最大压力 p_c,即 $p_f+p_s+p_0>p_c$ 时,式(5.1-5)才成立。对于更普遍的情况,推导如下：

任意一点处的固结度可由下式表示：

$$U_{(z)} = 1 - \frac{U_e(z)}{u_{e0}} \tag{5.1-6}$$

式中：$U_e(z)$——任意一时间、深度 z 处的超空隙水压力；

u_{e0}——在表面荷载作用下的初始空隙水压力。

当超载 p_s 在时间 t_{SR} 被移去时不再产生进一步的沉降,必须满足黏土层中心处的有效应力 σ'_v 肯定超过设计荷载 p_f,即下式：

$$\sigma'_v(H) = u_{e0} - u_e(H) \geqslant p_f \tag{5.1-7}$$

由于 $u_{e0}=p_f+p_s$,代入上式可得：

$$u_e(H) \leqslant p_s \tag{5.1-8}$$

将式(5.1-8)代入式(5.1-6),可得：

$$U_{f+s}(H) \geqslant \frac{p_f}{p_f+p_s} \tag{5.1-9}$$

应当注意,此法要求将超载保持到在 p_f 作用下所有的点都完全固结为止,此时大部分土层将处于超固结状态。因此,这是一个偏于保守的方法,它所预估的 p_s 值将或超载时间均大于实际所需的值。

5.1.2 预压高度的反馈修正

超载高度在施工前设计中根据地质资料等进行设计,但由于受计算方法的不完善及计算参数确定的偏差等因素的困扰,设计结果的准确性较差。如果能够根据施工前期的实测资料对超载高度进行反馈修正,设计的准确度应该能得到提高。

工程实践经验表明,对于同一工程地点,路中线处的填土厚度与其对应的最终沉降基本呈直线关系。对此,刘吉福通过对路中线处的附加应力与填土厚度的关系以及压缩试验的软土的割线模量与填土厚度的关系的研究,得出结论：路中线处不同深度处的附加应力均基本与填土厚度为正比关系,软土压缩试验的割线模量基本不随填土厚度变化,从而得出路基的沉降与填土厚度基本成正比的结论。

根据最终沉降与填土厚度的经验方程:

$$S = \alpha(H + S) \tag{5.1-10}$$

式中:S——最终沉降;

α——附加应力系数;

H——与 S 对应的填土高度,$H + S = T$(填土厚度)。

通常,每级填土厚度的计算方法是两次填土碾平之后测得的地表高程的差值,由于没有考虑每次沉降导致的填土厚度增加量,因此它偏小,需要进行修正,每级填土厚度的修正方法为:实际填土厚度 = 实测地表高程差值 + 两次测量高程时间内地基沉降量。

将路面、汽车荷载换算为填土求得等效填土高度 H_e:

$$H_e = H_d - T_r + T_{re} + T_{ve} \tag{5.1-11}$$

式中:T_r——路面厚度;

T_{re}——路面换算为填土的厚度;

T_{ve}——汽车荷载换算为填土的厚度;

H_d——设计路基高度,等于路面高程与原始地面高程之差。

将 H_e 代入式(5.1-10),求得 H_e 对应的最终沉降 S_e:

$$S_e = \alpha(H_e + S) \tag{5.1-12}$$

取 U 为卸载时地基的平均固结度,$U \geqslant 80\%$。

那么,可用下式计算超载厚度 T_0:

$$S_e - [S_r] = \alpha(H_e + S_e + T_0)U \tag{5.1-13}$$

式中:T_0——超载厚度,T_0 = 超载前后实测地表高程差值 + 两次测量高程时间内地基沉降量。

5.2 泡沫轻质土路基超载预压卸荷对沉降速率影响分析

5.2.1 泡沫轻质土路基下深厚软土地基变形规律

依托广佛江快速通道江门段一标段工程 K10+440 监测断面,图 5.2-1 为从泡沫轻质土路堤填筑开始地基顶部不同位置处沉降量曲线和路中沉降速率图。从图 5.2-1 中可以看出,在路基填筑过程中,沉降量随填土高度的增加而增加。填筑过程中沉降量增大,沉降速率大,停止填筑后速率减慢,规律很明显。随着固结时间的延长,沉降增加逐渐缓慢,路中沉降较路肩沉降量大,存在明显的横向不均匀沉降。

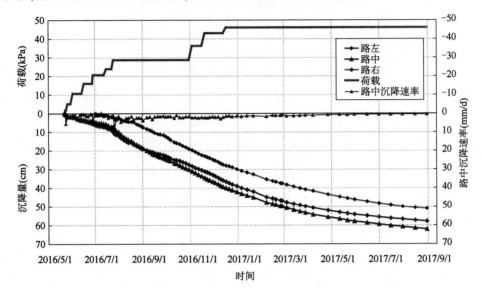

图 5.2-1　K10+440 断面沉降量-荷载-时间线

5.2.2　软土地基附加应力与荷载的关系

工程实践中主要关注的是路中线附近的沉降,因此,主要研究路基中线附近的沉降量与荷载的关系。路基荷载通常为梯形荷载,可以将其看作 1 个条形基底上均布竖向荷载和 2 个条形基底上三角形分布竖向荷载的组合。条形基底上均布竖向荷载产生的地基中竖向附加应力公式为:

$$\sigma_z = \frac{p}{\pi}\left[\arctan\left(\frac{n_x}{n_z}\right) - \arctan\left(\frac{n_x-1}{n_z}\right) + \frac{n_x n_z}{n_x^2+n_z^2} - \frac{n_z(n_x-1)}{n_z^2+(n_x-1)^2}\right]$$

(5.2-1)

式中:σ_z——竖向附加应力;

p——条形基底上竖向均布荷载集度;

x——自条形竖向均布荷载一侧向另一侧为正向的横坐标,$n_x=x/b_1$,$n_z=z/b_1$;

z——从荷载作用面起算的深度;

b_1——条形竖向均布荷载作用宽度。

条形基底上三角形分布竖向荷载产生的地基中竖向附加应力公式为：

$$\sigma_z = \frac{p}{\pi}\left\{n_x\left[\arctan\left(\frac{n_x}{n_z}\right) - \arctan\left(\frac{n_x - 1}{n_z}\right)\right] - \frac{n_z(n_x - 1)}{n_z^2 + (n_x - 1)^2}\right\} \quad (5.2\text{-}2)$$

由式(5.2-1)和式(5.2-2)可得到路中线处 z 处的竖向附加应力 σ_z 与填土厚度 T_f 的关系式为：

$$\sigma_z = \frac{\gamma_f}{\pi}\left[\frac{B}{m}\arctan\left(\frac{B}{2z}\right) - \frac{B - 2mT_f}{m}\arctan\left(\frac{B - 2mT_f}{2z}\right)\right] \quad (5.2\text{-}3)$$

式中：γ_f——路基填料重度；

B——路基底宽；

m——边坡值(边坡坡度的倒数)。

根据工程实际，取路基设计底宽 65m，路基顶宽 35m，路基填料重度取 20kN/m³。路基填筑期间，路基底宽不变，路基顶面宽度随路基填土厚度的增大而减小。路基顶宽是指填到设计填土厚度时的路基顶面宽度。图 5.2-2 为路基中心线处地基附加应力与路基填土厚度的关系曲线。从图 5.2-2 中可以看出，地基附加应力与路基填土厚度基本成正比；高速公路路基在地基中产生的附加应力沿深度方向衰减缓慢，路基荷载可近似看作大面积荷载。

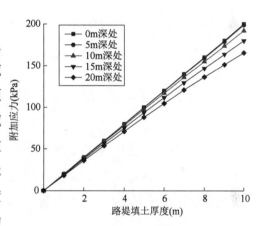

图 5.2-2 地基附加应力和路基厚度关系曲线

5.2.3 软土地基沉降与荷载关系

高速公路施工期的沉降以瞬时沉降和主固结沉降为主，次固结沉降可以忽略不计，路基沉降 S 通常采用式(5.2-4)~式(5.2-6)计算：

$$S = S_d + S_c \quad (5.2\text{-}4)$$

$$S_c = \sum_{i=1}^{n} h_{si}\frac{\sigma_{zi}}{E_{si}} \quad (5.2\text{-}5)$$

$$S_\mathrm{d} = \alpha_1 \sum_{i=1}^{n} h_{si} \frac{\sigma_{zi}}{E_{ui}} \qquad (5.2\text{-}6)$$

式中:S_d——瞬时沉降;

S_c——固结沉降;

h_{si}——第 i 层土厚度;

σ_{zi}——第 i 层土竖向附加应力;

E_{si}——第 i 层土压缩模量;

α_1——沉降系数;

E_{ui}——第 i 层土不排水变形模量。

由于路基中线附近地基附加应力 σ 与路基荷载基本成正比,E_s、E_u 基本上不随荷载大小变化,由式(5.2-5)和式(5.2-6)可知路基的固结沉降、瞬时沉降与路基荷载基本成正比,由式(5.2-4)可知路基沉降与路基荷载基本成正比。

5.3 软土地基超载预压卸荷时机

超载预压卸载时机控制通常采用工后沉降法和沉降速率法。沉降速率法实质也是工后沉降法,但是沉降速率法在实际应用得比较广泛。下面介绍采用沉降速率法和工后沉降法对不同情况下卸载时机的判断。

5.3.1 沉降速率法确定卸载时机

1)等载沉降速率与工后沉降间的关系

若不考虑次固结,等载下的沉降速率 V_t^p 与工后沉降 S_PT 有如下关系:

$$V_\mathrm{t}^p = \frac{\beta}{1 - \mathrm{e}^{-\beta T}} S_\mathrm{PT} \qquad (5.3\text{-}1)$$

式中:T——路面设计基准期,混凝土路面为 30 年,沥青路面为 15 年;

β——沉降速率系数。

对于实测沉降按指数规律和双曲线规律变化情况,可分别按式(5.3-2)和式(5.3-3)计算:

$$\beta = \frac{1}{\Delta t}\ln\frac{S_2 - S_1}{S_3 - S_2} \tag{5.3-2}$$

$$\beta = \frac{B}{A} \tag{5.3-3}$$

式中：S_1、S_2、S_3——t_1、t_2、t_3 时刻对应的实测沉降；

Δt——实测时间段，$\Delta t = t_3 - t_2 = t_2 - t_1$；

A、B——现行《公路软土地基路堤设计与施工技术细则》中双曲线拟合沉降方程中的待定系数。

2）超载沉降速率控制标准的建立

设等载填土总厚度 h，超载填土厚度 Δh，等载与超载阶段沉降速率为 V_t^p 和 $V_t^{p+\Delta p}$，二者之比为 λ，即：

$$\lambda = \frac{V_t^{p+\Delta p}}{V_t^p} \tag{5.3-4}$$

根据固结度定义，等载与超载阶段任一时刻的沉降为：

$$S_t^p = U_t^p S_f^p \tag{5.3-5}$$

$$S_t^{p+\Delta p} = U_t^{p+\Delta p} S_f^{p+\Delta p} \tag{5.3-6}$$

式中：U_t^p、$U_t^{p+\Delta p}$——等载和超载阶段任一时刻的固结度；

S_f^p、$U_f^{p+\Delta p}$——等载和超载阶段的最终沉降量。

路堤分级填筑情况下的固结度可由改进的太沙基公式计算：

$$U_t = \frac{1}{\sum \Delta p}\sum_{i=1}^{k}\overline{U}_{rz}\left(t - \frac{T_{m-1}^i + T_m^i}{2}\right)\Delta p_i \tag{5.3-7}$$

式中：$\sum \Delta p$——各级荷载增量累计值；

T_{m-1}^i、T_m^i——第 m 级荷载增量起始时间和终止时间；

k——总的荷载级数；

$\overline{U}_{rz}$——瞬时加荷的平均固结度，可按式(5.3-8)计算：

$$\overline{U}_{rz}\left(t - \frac{T_{m-1}^i + T_m^i}{2}\right) = 1 - \alpha e^{-\beta\left(t - \frac{T_{m-1}^i + T_m^i}{2}\right)} \tag{5.3-8}$$

α——与土的固结性质有关的参数。

假设土体固结过程中 α、β 不变，由式(5.3-7)和式(5.3-8)可获得各级荷载施加后固结度关于时间的导数：

$$\frac{dU_t}{dt} = \frac{\alpha\beta}{\sum \Delta p}\sum_{i=1}^{k}\Delta p_i e^{-\beta\left(t - \frac{T_{m-1}^i + T_m^i}{2}\right)} \tag{5.3-9}$$

若等载阶段对应的荷载级为 n，则超载阶段对应的荷载级为 $n+1$。对于超载预压期

内的任意时刻,则有:

$$V_t^p = S_f^p \frac{\alpha\beta}{\sum \Delta p} \sum_{i=1}^{n} \Delta p_i e^{-\beta\left(t-\frac{T_{m-1}^i+T_m^i}{2}\right)} \tag{5.3-10}$$

$$V_t^{p+\Delta p} = S_f^{p+\Delta p} \frac{\alpha\beta}{\sum \Delta p} \sum_{i=1}^{n+1} \Delta p_i e^{-\beta\left(t-\frac{T_{m-1}^i+T_m^i}{2}\right)} \tag{5.3-11}$$

将式(5.3-10)和式(5.3-11)代入式(5.3-4),得:

$$\lambda = \frac{V_t^{p+\Delta p}}{V_t^p} = \frac{U_t^{p+\Delta p} S_f^{p+\Delta p}}{U_t^p S_f^p} = \frac{S_f^{p+\Delta p}}{S_f^p} \cdot \frac{\sum_{i=1}^{n} \Delta p_i \sum_{i=1}^{n+1} \Delta p_i e^{-\beta\left(t-\frac{T_{m-1}^i+T_m^i}{2}\right)}}{\sum_{i=1}^{n+1} \Delta p_i \sum_{i=1}^{n} \Delta p_i e^{-\beta\left(t-\frac{T_{m-1}^i+T_m^i}{2}\right)}} \tag{5.3-12}$$

由前文可知,路基中心地表最终沉降与填土总厚度近似呈线性关系,则有:

$$\frac{S_f^{p+\Delta p}}{S_f^p} = \frac{h+\Delta h}{h} = \frac{\sum_{i=1}^{n+1} \Delta p_i}{\sum_{i=1}^{n} \Delta p_i} \tag{5.3-13}$$

将式(5.3-13)代入式(5.3-12),可得:

$$\lambda = 1 + \frac{\Delta h e^{-\beta\left(t-\frac{T_{m-1}^i+T_m^i}{2}\right)}}{\sum_{i=1}^{n} \Delta h_i e^{-\beta\left(t-\frac{T_{m-1}^i+T_m^i}{2}\right)}} = 1 + \frac{\Delta h e^{\left(\frac{T_{m-1}^i+T_m^i}{2}\right)\beta} e^{-\beta t}}{e^{-\beta t}\sum_{i=1}^{n} \Delta h_i e^{\left(\frac{T_{m-1}^i+T_m^i}{2}\right)\beta}} = 1 + \frac{\Delta h e^{\left(\frac{T_{m-1}^i+T_m^i}{2}\right)\beta}}{\sum_{i=1}^{n} \Delta h_i e^{\left(\frac{T_{m-1}^i+T_m^i}{2}\right)\beta}}$$

$$\tag{5.3-14}$$

式中:Δh_i——第i级荷载增量相应的填土厚度。

由式(5.3-14)可知,λ与加载参数有关,是个大于1的常数。获得超载沉降速率与等载工后沉降间的关系式后,据此可由允许工后沉降$[S_{PT}]$获得相应的超载卸荷沉降速率标准:

$$[V_t^{p+\Delta p}] = \frac{\lambda\beta}{1-e^{-\beta T}}[S_{PT}] \tag{5.3-15}$$

式(5.3-15)中的β反映地基土的固结性质,可根据室内试验获得的固结系数计算得到,也可根据现场实测沉降资料按三点法推算。从式(5.3-15)可以看出,超载沉降速率控制标准不仅取决于允许工后沉降,而且与土的固结性质、各荷载增量的加荷速率和加荷的起讫时间有关。

当超载预压期实测沉降速率连续2个月满足式(5.3-16)时,可卸载铺设路面:

$$V_t^{p+\Delta p} \leq [V_t^{p+\Delta p}] \tag{5.3-16}$$

3)数值算例验证

为获得准确的等载和超载阶段沉降方程,用有限元法分别计算等载预压和超载预压两年期间泡沫轻质土路堤中心地表各时刻沉降量,将其视为路堤等载和超载阶段的现场实测沉降,其中泡沫轻质土路基填料等效等载重度取为 $18\mathrm{kN/m^3}$,等效等载高度为 $7.33\mathrm{m}$,超载高度为 $1\mathrm{m}$。按直线拟合等载和超载预压期的 $(t-t_0)/(s_f-s_0)-(t-t_0)$ 曲线,如图 5.3-1 和图 5.3-2 所示。图中,t_0 为各级荷载停载点,$t_{01}=150\mathrm{d}$,$t_{02}=330\mathrm{d}$;s_0 为 t_0 时刻沉降。从图 5.3-1 和图 5.3-2 中可知,拟合相关系数都超过 0.99,说明地基土沉降的发展按双曲线变化。据此,可获得等载和超载预压阶段的沉降方程以及超载预压阶段的沉降速率方程:

$$S_t^p = 24.37 + \frac{(t-150)}{16.56+0.02756(t-150)}$$

$$S_t^{p+\Delta p} = 37.55 + \frac{(t-330)}{22.21+0.02859(t-330)}$$

$$V_t^{p+\Delta p} = \frac{22.21}{[22.21+0.02859(t-330)]^2}$$

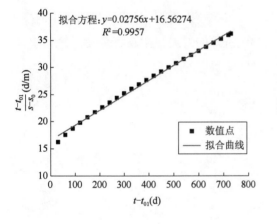
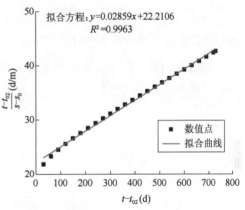

图 5.3-1 等载预压 $(t-t_0)/(s_t-s_0)-(t-t_0)$ 曲线

5.3-2 超载预压 $(t-t_0)/(s_t-s_0)-(t-t_0)$ 曲线

设路面为沥青路面,则 $T=15$ 年。按本章方法,近似考虑土的固结对沉降速率系数的影响,按式(5.3-3)计算 $\beta=1.4756\times10^{-3}\mathrm{d}$,由式(5.3-14)可得 $\lambda=1.163$。按照《公路软土地基路堤设计与施工技术细则》(JTG/T D31-02—2013)第 4.3.1 条要求,允许工后沉降取 $[S_{RT}]=30\mathrm{cm}$,由式(5.3-15)得超载卸荷沉降速率标准为 $15.45\mathrm{mm/月}$,建议连续 2 个月沉降速率小于沉降速率标准即可卸荷,则需预压 339d 后即可卸载进行路面铺装。

4)工程实例

图 5.3-3 为广东省汕汾高速公路 K24+475 断面实测路基中心地表沉降随填土厚度

和时间的变化曲线，该工程公路沿线为典型的滨海相沉积软土。对地基采用超载预压处理，其中等载填筑厚度 $h=6.849\mathrm{m}$，填筑完成时间 $t_{01}=125\mathrm{d}$，预压205d后施加超载，超载填土厚度 $\Delta h=1.251\mathrm{m}$，10d填筑完毕，$t_{02}=340\mathrm{d}$。超载预压135d后，卸荷铺设路面。

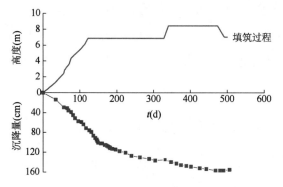

图5.3-3 K24+475断面实测沉降曲线

图5.3-4和图5.3-5分别为由等载和超载预压期实测沉降整理得到的各级 $(t-t_0)/(s_t-s_0)-(t-t_0)$ 关系曲线。由图5.3-4和图5.3-5可以看出，等载与超载预压期按直线拟合的相关系数平方都超过了0.99，表明各级沉降的发展是按双曲线规律变化的。

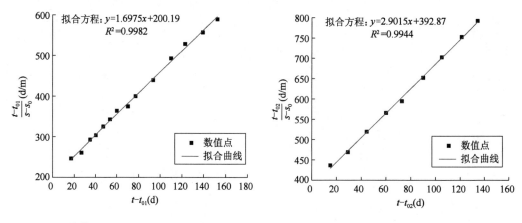

图5.3-4 等载预压 $(t-t_0)/(s_t-s_0)-(t-t_0)$ 曲线

图5.3-5 超载预压 $(t-t_0)/(s_t-s_0)-(t-t_0)$ 曲线

汕汾高速公路路面为沥青路面，$T=15$ 年。按上述方法，由等载和超载预压期实测沉降拟合的 A 和 B 平均值计算出 $\beta=7.932\times10^3\mathrm{d}$，由式(5.3-14)可得 $\lambda=1.613$。取容许工后沉降 $[S_{PT}]=10\mathrm{cm}$，由式(5.3-15)获得超载卸荷沉降速率标准为38.39mm/月，按连续2个月沉降速率小于38.39mm/月的要求卸荷，需要预压86d，控制的工后沉降为8.5cm，满足工后沉降小于10cm的要求。当K24+475断面实际超载预压了135d，可以卸荷铺设路面。

5.3.2 超载预压有限元模拟

根据广佛江快速通道江门段一标段工程岩土勘察报告,并结合该区域地质及土质特性的勘察资料,建立 ABAQUS 有限元模型,并模拟超载预压下软土地基沉降。

1)实际情况描述

广佛江快速通道江门段一标段工程路基宽度 35m,填方路基边坡坡率采用 1∶1.5,路基设计为由上到下依次为 4m 泡沫轻质土路基 +6m 一般土路基。地基厚度 26.5m,其中素土厚度为 3m,粉质黏土 1.2m,淤泥厚度为 6.8m,细砂厚度 6.9m,砂质黏土厚度为 5.4m,全风化花岗岩厚度为 3.2m。道路横断面结构如图 5.3-6 所示。

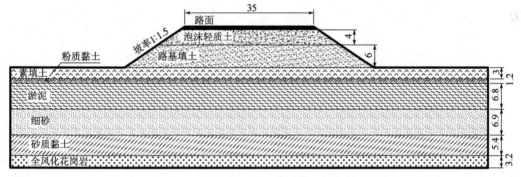

图 5.3-6　道路横断面结构图(尺寸单位:m)

2)模型简化及建立

由于现场实际施工情况为平面应变问题,故可以选用平面应变模拟,这样不但简化了实际问题而且缩短了计算时间。路基顶宽 35m,边坡坡率为 1∶1.5,假设填土重度为 20kN/m³,等效高度为 9m,超载高度 1m,按每级 1m 分级加载,地基分析区域深度为 26.5m,宽为 120m。

3)材料与边界条件建立

地基采用弹塑性材料,以摩尔-库仑破坏准则作为本构模型,土体参数根据岩土工程勘察报告的土的物理性能指标进行设置。由于所关注的结果为软土地基的竖向位移,所以对模型设置相应的边界条件时:土体两侧由于受到水平向约束,故两侧节点水平向位移 $x=0$;而土体底部应为横向以及竖向约束,即该处节点两个方向位移均为零。即只允许模型两侧发生竖向位移,而不产生水平位移。边界条件建立如图 5.3-7 所示。

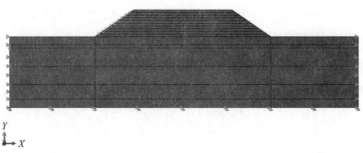

图 5.3-7　软土地基沉降模拟边界条件示意图

4）分析程序及定义荷载

为了更好地模拟试验结果,现将试验模型划分成以下几个荷载步。首先,为了使土体模型得到一个较为理想的应力场,使用 ABAQUS 步骤模块(Step module)创建了一个名为 GEO 的荷载步,在该荷载步上选用 Geostatic 建立地应力平衡,这样土体中产生的应力场较合理。其次,为了模拟超载预压加载和卸载过程的软土地基沉降,分别建立 LOAD 分析步,在分析步上选用标准分析步(Static,General)以模拟填土加载和卸载。使用 ABAQUS 步骤模块(Load)分别对地基与路基土体设置体应力,修改模型参数(Model change)使地基土在初始状态达到地应力平衡,满足实际土体状况。

在模拟加载的过程中,分析中每一级荷载步的计算都是将前一步的应力和位移作为此步的初始条件,即初始应力场和初始位移场。在数值模拟分析中应用 ABAQUS 程序软件的单元"生死"功能来实现施工过程的模拟,即在对填筑的过程中激活先前处于"死"状态的单元,使其质量、载荷等数值在分析中恢复预先赋的值,参与计算,计算被激活单元对软土地基的影响。其具体是建立填筑后的完整模型,在 Geostatic 分析步中应用"*Model Change,Remove"命令使填土单元全部处于"死"的状态,然后在 Static,General 分析步里使用"*Model Change,Add"命令分别激活每一级填筑的土层,最后一级为超载土层。对超载土层进行一定时间的预压后再进行卸载,分析卸载后工后沉降。

5）网格划分

在数值模拟中,网格划分是个关键的技术,很大程度上影响了数值模拟结果的可靠性,"过多的网格划分,虽然一定程度上能够增加计算的准确性,却很大程度上增加了计算机的负担,甚至使得分析计算不能顺利完成"。根据本数值模型的尺寸大小和研究侧重点,通过结构化网格划分技术(Structured),在每 1.0m 边界上设置一个元素种子,并以

4 节点平面应变减缩单元 CPE4R 为本数值模型单元。这样,本数值模型就由 2333 个平面应变元素单元所构成,其具体网格划分如图 5.3-8 所示。

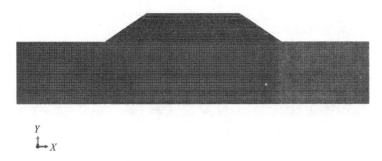

图 5.3-8　软土地基沉降模拟网格划分

6）模拟结果

模拟结果如图 5.3-9～图 5.3-11 所示。

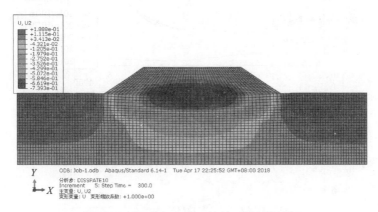

图 5.3-9　超载完成软土地基沉降模拟结果

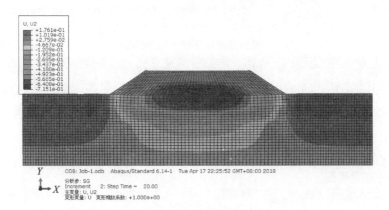

图 5.3-10　卸载完成软土地基沉降模拟结果

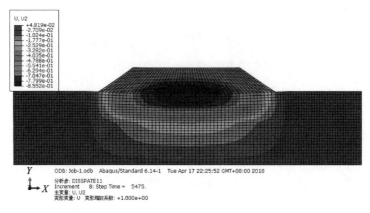

图 5.3-11　固结 15 年后软土地基沉降模拟结果

7）不同超载厚度对地基沉降的影响

下面运用有限元软件对不同超载厚度下软基处理过程进行模拟。实际超载厚度为 1m，分析不同超载厚度对工后沉降的影响。计算取超载厚度为 0.8m、1.0m、1.2m 的情况进行分析。具体沉降如图 5.3-12、表 5.3-1 所示。

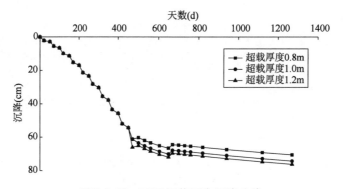

图 5.3-12　不同超载厚度沉降曲线

不同超载厚度下计算结果对比　　　　　表 5.3-1

超载厚度 （m）	卸载时沉降量 S_t （cm）	总沉降量 S_∞ （cm）	工后沉降量 S_{rT} （cm）
0.8	66.6	83.8	17.2
1.0	70.1	84.5	14.4
1.2	71.3	85.2	13.9

通过计算结果可以看出，不同超载厚度下，超载厚度越大，工后沉降量越小，与实际规律相符。对本工程来说，加大超载厚度对实际工程有利。从对超载厚度为 1.0m 与 1.2m 情况计算结果来看，加大超载厚度并没有明显减小工后沉降量，反而增大了路基总

沉降量,实际中采用超载厚度 1.2m 是不可取的。所以,通过有限元计算分析,确定超载厚度为 1.0m 是合适的。以上分析进一步说明了本工程通过基于实测资料确定超载厚度的方法是可取的。

8）不同预压时间对地基沉降的影响

下面运用有限元软件对不同卸载时机进行模拟,实际工程中预压时间为 6 个月。下面对预压 4 个月的情况和预压 8 个月的情况进行模拟。不同卸载时机沉降曲线如图 5.3-13 所示。

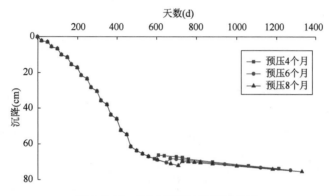

图 5.3-13　不同卸载时机沉降曲线

计算结果见表 5.3-2。通过卸载时机与工后沉降量进行对应分析,表明实际卸载时机和提前两个月进行卸载,工后沉降相差值达到 30mm,说明提前两个月卸载时,路基还没有充分固结;而实际卸载时机与推迟两个月进行卸载,路基工后沉降相差仅相差 3mm,说明推迟卸载时机对工后沉降影响不大,即路基在实际卸载过程中已得到充分固结,从而可以判断实际卸载时机是合理的。

不同超载厚度下计算结果对比　　　　　　　　　　表 5.3-2

卸载时机 （月）	卸载时沉降量 S_t （cm）	总沉降量 S_∞ （cm）	工后沉降量 S_{rT} （cm）
4	68.0	85.4	17.4
6	70.1	84.5	14.4
8	71.2	85.3	14.1

第 6 章
CHAPTER 6

厚垫层泡沫轻质土路基设计与施工技术

泡沫轻质土是刚度较大的脆性材料,若地基发生同样大小的不均匀沉降,则泡沫轻质土路基比填土填石路基更容易破坏,即泡沫轻质土路基自身对不均匀沉降的适应性较差。若能增强泡沫轻质土路基对路基不均匀沉降的适应性,将使泡沫轻质土路基拥有更优良的性质。目前国内外提出了多种关于泡沫轻质土路基施工方法,但尚未涉及深厚软基路段的厚垫层现浇泡沫轻质土路基施工技术。

本章以广佛江快速通道江门段为研究载体,采用理论分析、现场监测与有限元分析等方法,对不同垫层厚度下路基基底应力和基底沉降进行分析,确定最佳垫层厚度,明确架桥作用在泡沫轻质土路基中的发挥程度,自主研发了一种适用于深厚软土地基的厚垫层泡沫轻质土路基结构,并总结形成基于采用厚垫层和分层分块的泡沫轻质土路基施工工艺。

6.1 不同垫层厚度对泡沫轻质土路基变形性状的影响

泡沫轻质土路基下一般设有厚度小于0.5m的碎石垫层,但在较宽的路基底部采用较厚的碎石垫层能否提高泡沫轻质土路基对地基变形的适应能力?垫层的厚度为多少最好?为解决以上问题,本节将通过数值模拟的方法,对使用不同厚度碎石垫层的泡沫轻质土路基的变形性质进行分析,探究通过改变垫层厚度增强泡沫轻质土路堤性能的方法。

由于泡沫轻质土路基刚度较大,破坏以前的变形较小,因此,很难出现泡沫轻质土破坏前的变形导致路面破坏的情况。泡沫轻质土路基设计应以强度控制,且路堤底部的拉应力是关键,故本节将以泡沫轻质土路堤底部拉应力的大小作为衡量垫层效果的控制指标。

6.1.1 刚性基础的架桥作用

为了明确架桥作用在泡沫轻质土路堤中的发挥程度,建立了简化的有限元模型,如图6.1-1所示,模型计算参数见表6.1-1。

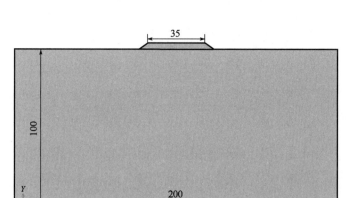

图 6.1-1　架桥作用采用简化模型(尺寸单位:m)

注:1. 地基模型弹性模量 10MPa,底部和两侧限制水平方向位移;
　　2. 路堤模型厚 4m,两侧坡率为 1:1.5,弹性模量分别取地基弹性模量的 0.5 倍、50 倍、250 倍和 1000 倍。

模型主要参数表　　　　　　　　　　　　　　　表 6.1-1

部件	地基	垫层	路基	路面
厚度(m)	40	0.5/1/2/3/4	5	0.8
重度(kN/m³)	—	21	6.4	24
本构模型	弹性	理想弹塑性	弹性	弹性
弹性模量(MPa)	3/5/10/20/40	150	500	1200
泊松比	0.3	0.2	0.2	0.25
黏聚力 c(kPa)	—	2	—	—
内摩擦角 φ(°)	—	35	—	—
是否施加重力	否	是	是	是
均布荷载(kPa)	0	0	0	15

模拟过程中直接将路基放于地基上,然后在路基上施加 25kPa 的均布荷载和各自的重力,通过改变路基弹性模量的大小,来调整地基和路基的刚度之比,从而计算路基底部的地基反力,分析不同弹性模量路基的架桥作用。改变泡沫轻质土路基的弹性模量后,地基反力计算结果如图 6.1-2 所示。

从图 6.1-1 中可以看出,当路基弹性模量取 0.5 倍的地基弹性模量时,地基反力为盆形,基本与上部压力分布形状相同,为典型的柔性基础的地基反力特征;当路堤弹性模量为地基弹性模量的 50 倍时,地基反力为 M 形;当路基弹性模量为地基弹性模量的 250 倍或 1000 倍时,中间地基反力小,两侧地基反力大,存在明显的架桥作用。随着路堤的弹性模量增大,刚性基础的架桥作用越来越明显,路堤中间的地基反力逐渐减小,两侧地基反力增大,这将导致路堤所受弯矩和剪力增大,不利于路堤的稳定。

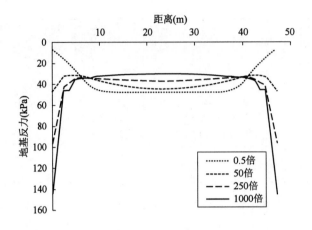

图 6.1-2　不同弹性模量泡沫轻质土地基反力计算结果

由于泡沫轻质土路基的弹性模量比软土高 100～1000 倍,因此基本可将其视为刚性基础,架桥作用对泡沫轻质土路堤产生的影响不可忽略。垫层的作用就是要通过散体垫层自身强度较高又较易产生塑性变形的特点,降低"泡沫轻质土路堤 + 垫层"底部表现出的刚度,从而达到降低架桥的作用。

6.1.2　不同垫层厚度下路堤底部拉应力变化规律

由以上分析可知,垫层可以有效地降低泡沫轻质土路基的架桥作用,在现浇泡沫轻质土路基施工过程中,垫层的设计和施工至关重要,但目前关于泡沫轻质土路基垫层的设计不仅缺少理论指导,还缺乏设计经验。

为了观察不同地基沉降程度下的"路堤 + 垫层"的表现,将地基设为弹性模型,取不同的弹性模量来实现不同的地基沉降量,地基弹性模量分别选取 3MPa、5MPa、10MPa、20MPa 和 40MPa,垫层厚度分别选取 0.5m、1m、2m、3m 和 4m。

本节设计了不同地基弹性模量和垫层厚度的交叉试验,计算所得泡沫轻质土底部最大拉应力值,见表 6.1-2、图 6.1-3。

泡沫轻质土路堤底部拉应力计算结果　　　表 6.1-2

垫层厚度 (m)	3MPa 地基 (kPa)	5MPa 地基 (kPa)	10MPa 地基 (kPa)	20MPa 地基 (kPa)	40MPa 地基 (kPa)
0.5	670.7	497.0	301.2	161.4	89.3
1.0	656.4	485.0	293.7	157.8	87.5

续上表

垫层厚度 （m）	3MPa 地基 （kPa）	5MPa 地基 （kPa）	10MPa 地基 （kPa）	20MPa 地基 （kPa）	40MPa 地基 （kPa）
2.0	845.5	614.0	363.6	192.4	97.3
3.0	891.5	639.7	374.4	196.0	93.9
4.0	926.9	654.4	366.8	195.1	89.9

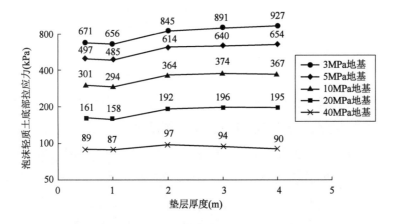

图 6.1-3　泡沫轻质土底部拉应力与垫层厚度关系

从图 6.1-3 中可以看出：地基越软时，泡沫轻质土路堤底部拉应力越大；1m 厚的垫层在各种弹性模量地基的情况下均优于 0.5m 厚垫层的路基；在地基较软时，垫层厚度超过 1m 后，泡沫轻质土底部拉应力有明显的升高。计算结果表明：从降低路堤底部拉应力的角度看，常用的 0.5m 厚的垫层偏薄，1m 厚的垫层优于 0.5m 厚的垫层，对泡沫轻质土路堤更有利。

6.1.3　不同垫层厚度下不均匀沉降变化规律

增大垫层厚度，除了可减弱架桥作用，也增强了垫层吸收不均匀沉降的能力。然而垫层的重度大于泡沫轻质土，如果垫层太厚将增大地基所受荷载，使地基不均匀沉降更大，也与使用泡沫轻质土路堤的初衷相悖。

将"泡沫轻质土路堤＋垫层"视为一个整体，为计算不同垫层厚度下"泡沫轻质土路堤＋垫层"吸收不均匀沉降的能力，将路面底部不均匀沉降-地基不均匀沉降值在坐标系中画出，如图 6.1-4 所示。

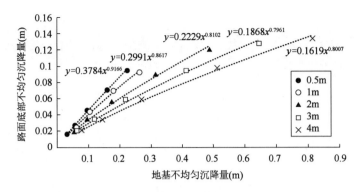

图 6.1-4 "泡沫轻质土路堤 + 不同厚度垫层"不均匀沉降效果

从图 6.1-4 中可以看出，不同垫层厚度条件下，泡沫轻质土顶部不均匀沉降量与垫层底部不均匀沉降量均近似符合幂函数的关系，"泡沫轻质土 + 0.5m 厚垫层"可以吸收 60% 的地基不均匀沉降，而"泡沫轻质土 + 4m 厚垫层"可以吸收 80% 的不均匀沉降，说明垫层厚度越大，垫层吸收不均匀沉降的能力越强。

综合垫层优化不均匀沉降与垫层增加地基所受荷载两种作用后，大于或等于 2m 的厚垫层不再有优势，如图 6.1-5 所示，但 1m 厚的垫层仍然优于 0.5m 厚的垫层。

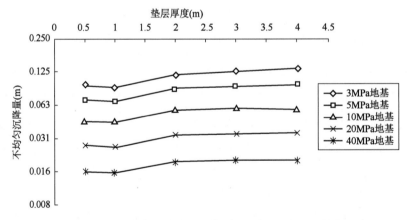

图 6.1-5 "泡沫轻质土路堤 + 不同厚度垫层"顶部不均匀沉降

6.2 现浇泡沫轻质土路基试验段现场监测

为了指导广佛江快速通道江门段软土路基处理工程顺利施工，确保现浇泡沫轻质土路基填筑施工过程中工后沉降能够满足规范要求，在桩号为 K10+315～K10+485 路段设立试验段，对高挡土墙和高填方泡沫轻质土路基分别进行现场监测。

6.2.1 现场监测方案

1）监测内容

试验段全长约190m，共分为5个断面，各断面分段见表6.2-1。各试验路段监测内容包括地表沉降、分层沉降、土体侧向位移和基底应力等，各项观测内容的主要作用、主要仪器、频率及注意事项见表6.2-2。

广佛江快速通道软弱土路基试验工程分段　　　　　表6.2-1

序号	断面编号	起讫桩号	处理长度(m)	观测内容	备注
1	Ⅰ	左幅 K10+315～K10+327	12	地表沉降观测，测斜观测，土压力观测	高挡土墙段
2	Ⅱ	右幅 K10+315～K10+327	12	土压力观测，分层沉降观测，测斜观测	高挡土墙段
3	Ⅲ	左幅 K10+470～K10+485	15	土压力观测，地表沉降观测	高填方段
4	Ⅳ	右幅 K10+440～K10+455	15	土压力观测，地表沉降观测	高填方段
5	Ⅴ	右幅 K10+470～K10+485	15	土压力观测，分层沉降观测	高填方段

试验段观测方案　　　　　表6.2-2

观测项目	观测目的	观测频率	主要仪器
挡土墙土压力观测	埋设土压力盒，对收集到的挡土墙受力数据进行分析，揭示挡土墙受力特征、墙后土压力分布特征等	轻质土施工时每层土观测一次，未施工期间1次/3d	土压力计、频率计、电缆线
挡土墙位移观测	设置监测点，观测挡土墙的位移变化量，分析挡土墙的变形规律，对泡沫轻质土的处治效果进行分析	轻质土施工时每层土观测一次，未施工期间1次/3d	全站仪
泡沫轻质土路基应力应变观测	埋设应力应变观测装置，对路基应力场和应变场的分布进行观测研究，对泡沫路基横向不均匀沉降进行研究分析	轻质土施工时每层土观测一次，未施工期间1次/3d	土压（应）力计、频率计、电缆线
分层沉降观测	埋设分层沉降磁环，确定不同层位地基和路基的垂直变形	轻质土施工时每层土观测一次，未施工期间1次/3d	分层沉降仪

续上表

观测项目	观测目的	观测频率	主要仪器
地表沉降观测	埋设沉降板,观测地表沉降,控制加载速率,预测沉降趋势,确定预压卸载时间	轻质土施工时每层土观测一次,未施工期间 1 次/3d	水准仪
地基深层水平位移观测	埋设测斜管,观察地基深层土体水平位移,判断土体可能出现破坏的深度,掌握潜在滑动面发展变规律,评价地基稳定性	轻质土施工时每层土观测一次,未施工期间 1 次/3d	测斜仪
挡土墙立壁侧向变形观测	埋设测斜管,观测挡土墙立壁不同深度的水平位移,分析挡土墙的变形规律	轻质土施工时每层土观测一次,未施工期间 1 次/3d	测斜仪

2）监测仪器布设

(1) 高挡土墙泡沫轻质土试验路段（K10+297~K10+397）。

该试验段共设置 2 个观测断面（1 号：K10+300 左幅、2 号：K10+330 右幅），监测内容包括地基、路基的应力应变等,预埋设仪器主要有土压力盒、混凝土应变计、沉降导管、沉降板、测斜管等,现场监测仪器布设如图 6.2-1 所示。

图 6.2-1　挡土墙段土压力监测仪器布置图

① 墙后泡沫轻质土路基应变测试。

在泡沫轻质土基底(0.6MPa 泡沫轻质土)和顶面(1.0MPa 泡沫轻质土)沿垂直于线路中线方向按间距 $B/4$(B 为半幅路基宽度)均匀布置 5 个混凝土应变计,共布置 20 个混凝土应变计。

② 墙后泡沫轻质土路基应力测试。

在墙后泡沫轻质土基底沿垂直于线路中线方向按间距 $B/4$ 均匀布置 5 个土压力盒,

两个断面共计布置10个土压力盒。此外,在2号断面泡沫轻质土顶面(1.0MPa泡沫轻质土)沿道路中线的垂线按间距$B/4$均匀布置5个土压力盒,共布置15个土压力盒。

③地基和泡沫轻质土路基变形测试。

在2号断面钻孔20m埋设沉降管,分别在不同层位地基和路基中埋设分层沉降磁环13个,确定不同层位地基和路基的垂直变形。

(2)高填方泡沫轻质土试验路段(K10+397~K10+485)。

该试验段共设置3个观测断面(3号:K10+480左幅,4号:K10+440右幅,5号:K10+480右幅)。监测内容包括地基、路基的应力应变,预埋设仪器主要有土压力盒、混凝土应变计、分层沉降导管、沉降板、测斜管等,现场监测仪器布设如图6.2-2所示。

图6.2-2 高填方段监测仪器布置图

①泡沫轻质土路基应变测试。

在4号泡沫轻质土基底(0.6MPa泡沫轻质土)和顶面(1.0MPa泡沫轻质土)、3号泡沫轻质土顶面(1.0MPa泡沫轻质土)、5号泡沫轻质土基底(0.6MPa泡沫轻质土)沿垂直于线路中线方向按间距$B/4$均匀布置5个混凝土应变计,共布置20个混凝土应变计。

②泡沫轻质土路基应力测试。

在3号、5号泡沫轻质土基底(0.6MPa泡沫轻质土)和顶面(1.0MPa泡沫轻质土)沿垂直于线路中线方向按间距$B/4$均匀布置5个土压力盒,两个断面共计布置20个土压力盒。此外,在4号断面泡沫轻质土顶面(1.0MPa泡沫轻质土)沿道路中线的垂线按间距$B/4$均匀布置5个土压力盒,共布置25个土压力盒。

③地基和泡沫轻质土路基变形测试。

在5号断面钻孔20m埋设沉降管,分别在不同层位地基和路基中埋设分层沉降磁环12个,确定不同层位地基和路基的垂直变形。

6.2.2 现场监测结果分析

1) 基底应力观测

根据试验段监测数据可得到泡沫轻质土路基基底应力曲线,如图6.2-3~图6.2-11所示(图中 T_{11} 表示1号断面的1号土压力, T_{13} 表示1号断面的3号土压力盒,依此类推)。

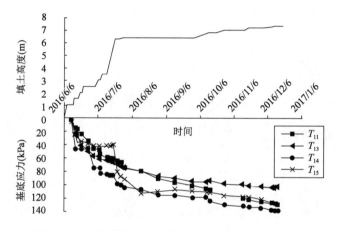

图6.2-3 1号断面填土高度-时间-基底应力变化曲线

由图6.2-3可以看出,1号断面基底应力随着时间的变化在不断地增加。在轻质土浇筑完成后的停歇期间,基底土应力并没有由于泡沫轻质土浇筑完成后固结硬化(湿重度转化成为干重度)、基底应力减小的现象,而是在持续增加,且在浇筑过程中以4号土压力盒处的基底应力最大,并且在以后的施工过程和停歇期间一直处于土压力最大处。这与现场土压力的埋设位置和轻质土的浇筑厚度有一定的差异,此测量值可作为一个参考值。

由图6.2-3和图6.2-4可以发现:①在轻质土浇筑完成后,基底应力以5号土压力盒的增长幅度最为明显(从7月20—25日压力增加了近一倍)。考虑到这段时间正好处于轻质土的浇筑末期,土压力增加一倍显然不合理,而从7月20日开始进行的包边土施工正在进行,5号土压力盒正是左幅路基的最外侧的一个土压力盒,由此推测包边土的施工可能是造成5号土压力盒土压力急剧增加的主要原因。②在水稳浇筑前的停歇期,2号土压力急剧下降,渐渐由正转负,此时表明此处的土体已经发生破坏。由于此时正好处于试验段修筑的停歇期,在轻质土浇筑完成的一个月内并没有发生这一现象,则土体的自重应力导致这一现象的概率很小,由此推测可能是由于泡沫轻质土上的保护层浇筑完成后立即开放交通导致了这一结果。

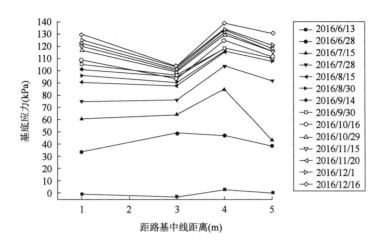

图 6.2-4　1 号断面基底应力随时间变化分布曲线

由图 6.2-5 可以看出,2 号断面中的各监测点除 T_{25} 土压力盒外,其余各监测点同 1 号断面基底应力时间变化曲线相似,并未在泡沫轻质土浇筑完成后的停歇期进入一个平稳阶段,而是在不断地增加。结合现场实际情况,在施工停歇期间除施工车辆进入现场外,并无其余汽车荷载进入,因此初步推测浇筑 6m 的泡沫轻质土路基,并不会像人们以往认识的随着泡沫轻质土固结硬化基底应力会逐渐降低,基底应力反而会持续增加,但并不会一直增长,结合现场监测数据,其增长期限可能在两个月左右。

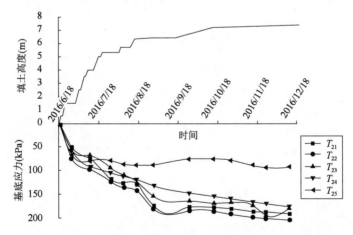

图 6.2-5　2 号断面路堤填土高度-时间-基底应力变化曲线

由图 6.2-6 可以看出,相比于 1 号断面,2 号断面基底应力分布表现出较好的规律性,由变化曲线可以看出,在泡沫轻质土的浇筑过程中路基土压力的分布大致呈 M 形分布,表明路基应力以路中线两侧的应力为最大值且二者相差不大,路中线和两侧路肩的应力为最小值。但随着包边土施工的进行路基左侧的基底应力逐渐增大并超过了 T_{23}、T_{24}、T_{25} 号土压力盒的应力值,而靠近挡土墙侧的土压力在泡沫轻质土施工完成后并没有发生明显变化,这与 1 号断面的监测结果相吻合,包边土的施工会影响一定范围内泡沫轻质土路堤的应力分布。

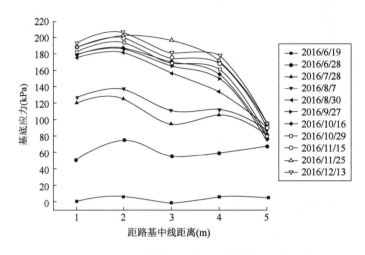

图 6.2-6　2 号断面基底应力随时间变化分布曲线

由图 6.2-7 可看出,3 号断面各监测点在泡沫轻质土路堤施工完成后基底应力有明显的回落,在试验段停工间歇阶段 T_{33}、T_{34}、T_{35} 各监测点应力趋于平稳,这与 1 号断面和 2 号断面截然不同。

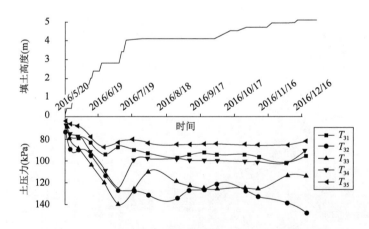

图 6.2-7　3 号断面路堤填土高度-时间-土压力变化曲线

由图 6.2-8 和图 6.2-9 可以看出,在泡沫轻质土浇筑过程中,路基内部土压力分布和路基施工完成后的土压力分布并不完全一致,在泡沫轻质土浇筑阶段初期,基底各点应力分布基本一致,但随着泡沫轻质土累计填筑高度的不断增加,在泡沫轻质土浇筑过程中以道路中线处所承受的土压力最大,两侧路肩压力较小。现浇泡沫轻质土施工完成后,路基内部的土压力逐渐向道路中线左侧的2号点处增加。

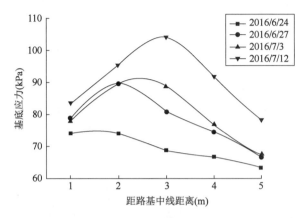

图 6.2-8　3 号断面路基轻质土施工过程中应力随时间变化分布曲线

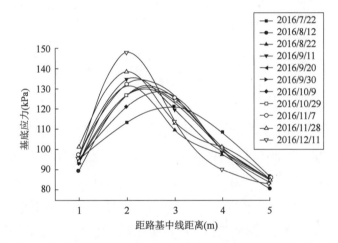

图 6.2-9　3 号断面路基轻质土浇筑完成后应力随时间变化分布曲线

如图 6.2-10、图 6.2-11 所示,从 5 号断面路基应力监测结果可知:

(1)泡沫轻质土浇筑阶段初期,各点处的压力值接近,但靠近中央分隔带处的路基土压力增长幅度最为明显,且没有出现应力值回落的迹象。同 3 号断面一样,5 号断面中基底压力在浇筑后期以 2 号测点处的土压力最大,排除一定的监测仪器误差,认为这与现场的包边土施工、施工质量、部分区域轻质土重度的变化有很大的关系。

(2)在泡沫轻质土浇筑完成后的停歇期,除 T_{52} 号测点外,随着轻质土的固结硬化,基底应力逐渐减小并趋于稳定,这一结果与 3 号断面监测结果基本相同。

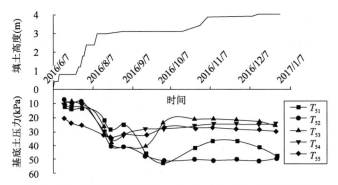

图 6.2-10 5 号断面路堤填土高度-时间-土压力变化曲线

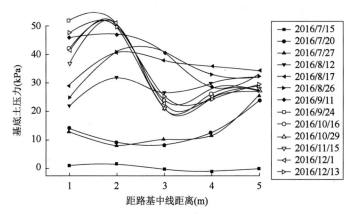

图 6.2-11 5 号断面基底应力随时间变化分布曲线

综上所述，泡沫轻质土换填 6m 的 1 号和 2 号断面中，各测点的应力随着泡沫轻质土的施工在不断地增加，但 1 号和 2 号断面中的绝大部分应力点在轻质土施工完成后，并没有出现由于轻质土的固结硬化由湿重度变为干重度、基底应力回落的现象；而换填厚度为 3m 的 3 号和 5 号断面中大部分测点则随着泡沫轻质土的固结硬化，基底应力呈现出回落的现象。由此可见，泡沫轻质土换填高度对泡沫轻质土在浇筑完成后基底应力回落大小有一定的关系。

由基底应力分布范围来看，在泡沫轻质土施工阶段在各断面浇筑厚度、浇筑面积、浇筑方式基本一致的情况下，各断面基底应力分布较为均匀，但随着包边土的施工不同，靠近道路中央分隔带处的基底土压力（不论换填高度为 3m，还是换填高度为 6m）均有不同程度的增加，由此断定包边土会对其靠近的泡沫轻质土路基基底压力造成一定的影响。

2）基底应变观测

根据试验段监测数据，得到 1 号断面和 5 号断面的基底应变，如图 6.2-12、图 6.2-13 所示。

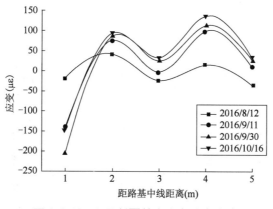

图 6.2-12　1号断面基底应变分布曲线

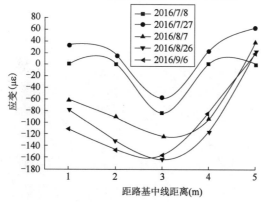

图 6.2-13　5号断面基底应变分布曲线

由图 6.2-12 和图 6.2-13 的变化曲线可以看出：

（1）1 号断面路基底部有明显的褶曲现象，路基基底应变由路基中心向两侧逐渐增加，但到一定位置后应变开始逐渐减小，其中以靠近左侧路肩的变化最为明显，基底开始出现拉应力，导致土体产生破坏。究其原因，主要是在 1 号断面的 $T11$ 处存在较厚的包边土，自包边土施工以来，$T11$ 处的土体变形大幅度增加。且在水稳层铺筑后 1 号断面的 $T11$ 处的土体变形更为明显，应变达到了 150% 以上。

（2）5 号断面基底应变沿横向大致呈盆状分布，这与普通路基沉降分布大体一致，以道路中线处应变最为明显。但不难发现，1 号断面和 5 号断面应变分布在 $T11$ 和 $T15$ 表现出明显的不同。结合现场施工情况认为，包边土的施工导致了这一现象的发生，而水稳层的快速铺筑则加剧了土体的变形。

3）分层沉降观测

根据试验段监测数据，得到 2 号断面和 5 号断面的分层沉降变化曲线，如图 6.2-14、图 6.2-15 所示。

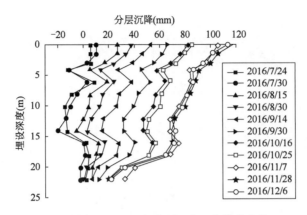

图 6.2-14　2 号断面分层累计沉降变化曲线

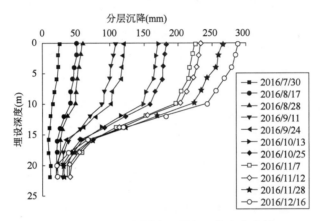

图 6.2-15　5 号断面分层累积沉降变化曲线

由图 6.2-14 和图 6.2-15 变化曲线可以看出：

(1)2 号断面(泡沫轻质土填高 6.3m)的沉降量要小于 5 号断面(泡沫轻质土填高 3m)的沉降量,水稳层浇筑完成后,2 号断面的地表沉降仅为 5 号断面的一半左右。由此可见,泡沫轻质土浇筑厚度的增加对路基沉降的减小有着显著的作用。

(2)在泡沫轻质土浇筑的前期,轻质土的压缩量和轻质土下部填土并无明显差别,但随着时间的推移会发现,普通填土的压缩量竟达到了轻质土压缩量的 5 倍左右,再次体现了轻质土填筑路基的优越性。

(3)地基沉降主要发生在地面高程为 -7 ～ -3m 位置处,现场地质资料显示此处正好为淤泥层。由此推测,试验段路基的沉降主要由淤泥层的压缩沉降引起。路基的沉降与地基深层软弱土体的处治有很大的关系,采用轻质材料虽可减轻路基自重,减少路基范围的土体压缩变形,但地基的压缩变形对道路的沉降与稳定仍然有着十分重要的作用。

4）地表沉降观测

为了对比换填 3m 和 6m 泡沫轻质土两种不同情况下的路基基底沉降情况,特选取 K10+330(换填 6m)、K10+480(换填 3m)两个断面路基沉降进行分析,各断面基底沉降见表 6.2-3。

泡沫轻质土路基沉降观测记录　　　　表 6.2-3

里程桩号	月份	本月沉降(cm)	本月平均沉降速率(mm/d)			累计沉降量(cm)			填土厚度(m)
			路左	路中	路右	路左	路中	路右	
K10+330 (换填6m)	6	3.1	2.0	2.1	2.1	3.0	3.1	3.1	3.0
	7	3.7	1.3	1.2	0.7	6.9	6.8	5.2	6.7
	8	7.1	1.3	2.4	0.8	10.7	13.9	7.5	6.7
	9	7.8	1.0	2.5	0.9	13.6	19.7	10.0	6.7
	10	3.6	0.8	1.2	0.8	16.0	23.3	11.1	6.7
	11	3.1	1.4	1.0	0.5	20.3	26.4	12.7	7.2
	12	3.7	1.6	1.2	0.5	25.1	30.1	14.1	7.4
	1	4.1	1.4	1.2	0.4	30.0	34.4	15.7	7.4
K10+480 (换填3m)	6	2.8	1.9	1.3	—	5.8	3.9	—	3.4
	7	5.1	1.9	1.7	0.7	11.6	9.0	1.4	4.2
	8	7.7	2.1	2.6	1.5	18	16.7	5.9	4.2
	9	6.6	1.5	2.1	2.0	21.9	22.3	10.9	4.2
	10	5.2	1.3	1.7	1.9	25.7	27.5	16.6	4.2
	11	6.2	1.6	2.1	1.9	30.5	33.7	22.2	4.9
	12	4.8	1.2	1.6	1.9	34.1	38.5	26.5	4.9
	1	4.6	0.8	1.3	1.7	37.1	43.1	32.4	4.9

由表 6.2-3 可以看出,换填不同高度下的轻质土路堤沉降表现出很大的不同,换填 6m 轻质土的路基沉降要小于换填 3m 的轻质土路堤,说明随着换填厚度的增加,可有效地减少软土地基上的路堤沉降;其次,由表 6.3-3 可以看出,即使随着泡沫轻质土填筑高度的不断增加,两个断面路基横向层间不均匀沉降基本保持一致,并没有出现明显的差异性沉降。说明不论换填高度如何变化,轻质土路堤层间不均匀沉降基本不变。

由两断面横向沉降差异情况来看,可以看出,断面 K10+330 在泡沫轻质土浇筑完成初期(填土高度为 6.7m 时)路基横断面沉降差异并不明显。随着时间的推移,道路中线处及左路肩与右路肩的差异沉降量逐渐增大,究其原因是路肩右侧是以挡土墙作为支撑,而左侧则靠近中央分隔带,泡沫轻质土浇筑完成后道路左侧包边土开始施工,导致了道路左侧的沉降量加大而右侧沉降增加较为缓慢。反观 K10+480 断面,由于轻质土两侧均为黏土包边,包边土的施工对泡沫轻质土道路两侧的沉降产生了很大的影响,左、右两侧路肩沉降基本同步增长,由这点可以看出,泡沫轻质土路基很容易受所处环境约束的影响。

6.3 泡沫轻质土路基结构有限元分析

为了更好地指导现浇泡沫轻质土路基施工,提供合理的施工参数,本节采用有限元软件,从不同路基填料、不同换填高度和不同结构形式等三个方面对泡沫轻质土路基的应力大小及其分布规律进行数值模拟,进一步分析泡沫轻质土填料对路堤应力与位移的影响。

6.3.1 有限元计算模型建立

1)计算区域确定

为研究不同结构形式下的泡沫轻质土路堤,分别建立了 3m 梯形泡沫轻质土(或普通填土)路堤、3m 泡沫轻质土+包边土路堤、3m 直立型泡沫轻质土路堤三种形式的路堤结构,计算模型如图 6.3-1 所示,其中计算模型的路堤顶部宽度取 35m,地基压缩层厚度取 18.3m,地基宽度取 2~4 倍路堤底面宽度。考虑到重力作用使地基发生的前期变形,所有计算均对地基部分做地应力平衡处理,将地基部分在自重作用下计算出的应力场作为初始应力场导入。

为方便计算,作出以下假定:
(1)忽略路堤沿线路方向纵向应变,简化为平面应变问题进行计算;
(2)路堤及地基均为均质连续体;
(3)计算模型只考虑重力荷载,忽略施工过程中工人及汽车荷载;
(4)计算模型底部垂直和水平方向无位移,左右两侧设水平向约束;
(5)地基为水平地基,不考虑斜坡地基影响;
(6)为节省计算步骤,将轻质土浇筑按 1.0m 一层浇筑(现场一次性浇筑高度为 0.5m)。

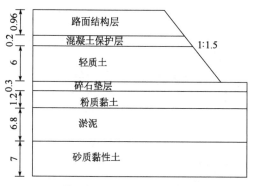
a) 3m梯形泡沫轻质土(或普通填土)路堤

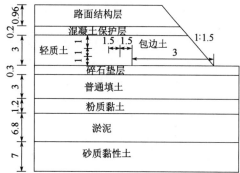
b) 3m泡沫轻质土+包边土混合型路堤

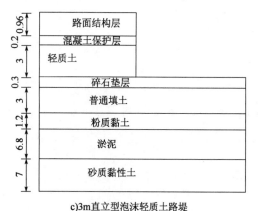
c) 3m直立型泡沫轻质土路堤

图 6.3-1　路基计算模型(尺寸单位:m)

2) 计算参数的确定

采用有限元法对泡沫轻质土路基进行应力应变分析前,首先应考虑选用什么样的本构模型进行数值模拟。常规的变形分析步骤一般是先对土工试验所得到的应力-应变关系曲线进行综合分析,再决定采用什么本构模型,包括线弹性模型或非线性模型。为了找到适合泡沫轻质土所适合的本构关系,各位专家学者做了大量的试验进行室内模拟。肖礼经通过大量的三轴试验发现,采用普通土中一般所用的本构模型对泡沫轻质土等轻质材料进行变形分析也完全适用。泡沫轻质土整体的应力应变关系完全可用弹塑性模型来反映,同时他还指出模拟泡沫轻质土的应力-应变关系时采用双曲线邓肯模型是完全不合理的。

为了确定原地基计算参数,必须在现场进行地质钻探,一是了解施工场地的工程地质情况,二是钻孔取土用于做常规土工试验,以获取计算所需参数,这些试验包括常规固结试验和三轴试验。根据试验数据得到土体的本构关系,采用 DP 模型进行有限元计算时所需的计算参数,见表 6.3-1。

各结构层计算参数 表6.3-1

结构层	弹性模量（MPa）	密度（kg/m³）	泊松比	黏聚力（kPa）	内摩擦角（°）
路面结构层	1200	2400	0.3	—	—
保护层	1100	2300	0.35	—	—
轻质土路基	150	550/750	0.35	150	5
垫层	50	2000	0.3	—	—
人工填土	25	1800	0.35	20	22
粉质黏性土	2.5	1780	0.3	24	4.2
淤泥	2.0	1780	0.32	8.5	6
砂质黏性土	2.6	1760	0.3	31	16

对于参数 λ，通常是根据三轴等向压缩试验确定的，但从工程试验的简便性出发，有时也可以通过单向压试验确定，求取公式可按 $\lambda = C_C/2.303$，$\kappa = C_S/2.303$ 计算，C_C、C_S 分别为土的压缩系数和回弹指数。

3）荷载分析步确定

本节涉及泡沫轻质土+包边土混合型、直立型泡沫轻质土、梯形泡沫轻质土三种结构形式下的轻质土路堤，路堤填筑采用分层填筑堆载的方式进行，数值模拟过程主要由以下阶段组成：

(1)梯形和直立型轻质土路堤。

①对路基分3级加载，每级加载1.0m，加载速率为1m/d，每级加载间隔1d。

②浇筑轻质土顶部的保护层0.20m，施工时间为2d。

③浇筑路面结构层1.16m，施工时间为60d。

(2)轻质土+包边土混合型路堤（台阶型轻质土路堤）：

①同梯形路堤一样，仅由原来的梯形轻质土路堤变为台阶形路堤，台阶宽度为1.5m。

②浇筑包边土，分3级加载，每级加载1.0m，加载速率为1m/5d。

③浇筑轻质土顶部的保护层0.20m，施工时间为2d。

④浇筑路面结构层1.16m，施工时间为60d。

将上述过程在ABAQUS中实现时，由于泡沫轻质土路基施工前，软土地基在上覆荷载及自身重量的长期作用下已发生较大程度的固结压缩。因此，在实施有限元数值模拟时，不能同时对泡沫轻质土路基与软土地基进行自身荷载的施加，应在施加泡沫轻质土路基及路面结构层自重前导入地基在自重应力下的初始应力场：①将泡沫轻质土路基及路面结构层单元杀死，对各层地基分别施加自重，使软土地基在自身重力下实现地应力平衡；②将泡沫轻质土路基及路面结构层单元激活，分别施加路基和路面结构层重力，得到泡沫轻质土路基和路面结构层在自身荷载作用下的应力场，并导出地基自重荷载下初始应力场。即利用 ABAQUS 中"＊model change, remove"命令，先"杀死"泡沫轻质土路堤以及路面单元，然后对地基部分进行初始地应力平衡，最后用"＊model change, add"命令逐层激活泡沫轻质土路堤及路面单元模拟现场施工。

地基、泡沫轻质土路基及路面结构层在其自重荷载作用下均会产生位移增量，这里主要是竖向沉降，而在泡沫轻质土路基及路面结构层前地基的初始沉降已经完成。为分析泡沫轻质土路基及路面结构层的沉降和软基的附加沉降等位移增量，需要减去软土地基在自身重力下的初始位移量。

4）边界条件及有限元网格

本节在对泡沫轻质土路基进行计算分析时，主要采用平面应变进行分析。单元划分采用 Quaddominated（受控四边形网格）自动网格划分功能（图 6.3-2）。泡沫轻质土路基采用 CPE4（四节点双线性平面应变四边形单元），地基土采用 CPE4P（四节点平面应变四边形单元）。模型左右两侧设为横向固定约束，无水平位移；模型底端设为横向和竖向固定约束，无水平和竖直方向位移。

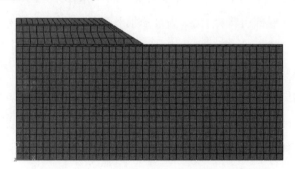

图 6.3-2　泡沫轻质土路基网格划分

6.3.2　不同填筑材料下的梯形路堤应力位移响应

1）地基表面沉降变化

不同填料下路基基底沉降计算结果如图 6.3-3 所示。

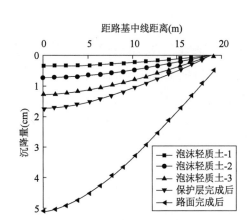
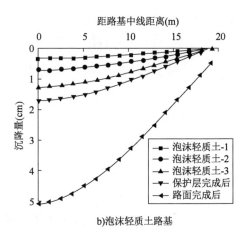

a) 普通填土路基　　　　　　　　b) 泡沫轻质土路基

图 6.3-3　路基基底沉降变化曲线

从图 6.3-3 可以看出，两种不同填料下的路基沉降规律形式基本相同，路基沉降随着填土荷载的增加而增大，路堤始终是路中沉降最大，路肩沉降最小。路面施工完车后，两种填料下的路基沉降均为碟形分布。其中普通填土的最大沉降为 10.37cm，最小沉降为 1.17cm；泡沫轻质土填料下路基最大沉降为 5.12cm，最小沉降为 0.50cm，分别发生路基中心线和路堤坡脚。但由图 6.3-3 可以看出，在路堤填筑高度相同的情况下，普通素填土路基沉降是泡沫轻质土路基位移沉降量的两倍。由此可见，泡沫轻质土可有效减少路堤施工过程中路堤沉降。

若 ΔS_{11} 为普通填料下普 2 与普 1 荷载下的路基底部沉降差，ΔS_{12} 为普通填料下普 3 与普 2 荷载下的路基底部沉降差，ΔS_{21} 为轻质填料下轻 2 与轻 1 荷载下的路基底部沉降差，ΔS_{22} 为轻质填料下轻 3 与轻 2 荷载下的路基底部沉降差，可以发现 $\Delta S_{11max} = 1.53\text{cm}$，$\Delta S_{12max} = 1.74\text{cm}$，$\Delta S_{21max} = 0.39\text{cm}$，$\Delta S_{22max} = 0.57\text{cm}$，由 ΔS_1、ΔS_2 值反映了后续浇筑层间两种填料下的路基后续沉降差的发展趋势。泡沫轻质土填料下的路基不均匀沉降很小不足 1cm，而普通填土的不均匀沉降是泡沫轻质土填料的三倍。由图中两种填料下两层填料之间的差异沉降可以看出，泡沫轻质土在处理软土地基不均匀沉降方面要优于普通填料路基。

其次，通过对比 3m 路堤浇筑完成后的横向不均匀沉降分布，可以发现泡沫轻质土作用下的路堤底部沉降接近于刚性荷载下的路堤沉降分布，而常规填土路堤服从柔性荷载下的路堤沉降分布规律，这与最初的假设完全一致。

2) 不同填料下的路基应力响应

不同填料下路基基底应力计算结果如图 6.3-4 所示。

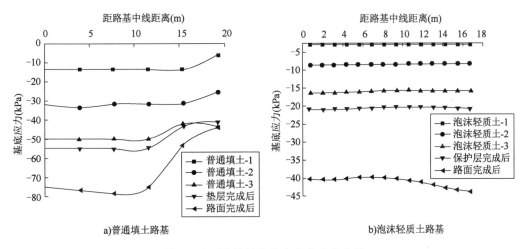

图 6.3-4　路基基底应力分布变化曲线

由图 6.3-4 可以看出,泡沫轻质土与普通填土两种不同填料下的路基底部应力分布形式并不完全相同。普通填土下的路基在填土荷载及上布荷载作用下,基底应力为中间大、两侧小的碟形分布,而泡沫轻质土填料下路基基底应力分布更加均匀,近似呈线性分布。由此可知,泡沫轻质土路基更适合处理基底应力不均匀问题。

6.3.3　不同路堤结构形式下的路基应力位移响应

本节在路基高度、路面宽度相同的条件下,从两种不同的路基填筑形式出发,分别对直立型路基以及台阶型泡沫轻质土+包边土混合型路堤,对泡沫轻质土路基在不同的填筑方式下的应力位移响应作研究分析。

1）不同结构形式下轻质土路堤基底沉降位移

不同结构形式下路堤底部沉降计算结果如图 6.3-5 所示。

由图 6.3-5 和图 6.3-3b）可以看出,两种形式下的泡沫轻质土路堤在施工过程中沉降量基本一致,最大沉降均发生在路堤中心线处,路面施工完成后沉降量大约为 5cm。

此外,由泡沫轻质土施工过程中的路基底层沉降变化曲线可以看出两种结构形式下的路堤基底沉降与刚性荷载下的地基沉降模式基本相同,但在台阶型泡沫轻质土+包边土结构形式的路堤和直立型路堤两种结构形式下,距路基中线 10m 以内沉降曲线近似为一条水平线,在处理不均匀沉降方面要优于梯形结构形式下的泡沫轻质土路堤。

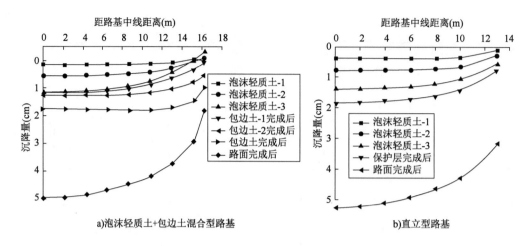

图 6.3-5 不同结构形式下的路基基底沉降

结合工程造价方面来看,由于泡沫轻质土填料造价要远高于普通填土路堤,泡沫轻质土+包边土这种形式下的路堤可比梯形轻质土路堤节省相当于包边土面积的轻质土,这对节约工程造价很有帮助,因此,在实际工程中应优先采用直立型或台阶状的轻质土路堤。一般情况下,直立型路堤主要是用在挡土墙后或者桥台后作为路堤填料,在具体选用直立型路堤或台阶状路堤是应结合具体的的实际情况再具体分析。

2）不同路基结构形式下的应力分析

不同结构形式下路基底部应力计算结果如图 6.3-6 所示。

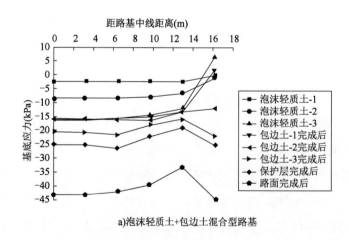

图 6.3-6

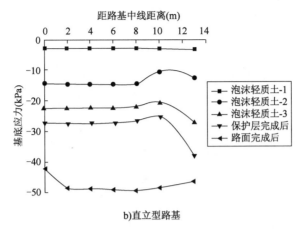

图 6.3-6 不同结构形式下的路基基底应力分布

由图 6.3-6 和图 6.3-4b)可以看出,不同结构形式下的路堤在路面荷载作用范围内的路基底部应力分布形式基本相同,基底应力相对比较平稳,近似呈直线分布,但路基边坡范围的应力分布并不相同。

直立型路堤从轻质土施工开始到路面结构的完成整个过程中,基底应力相对比较平稳,近似呈直线分布,可按材料力学公式进行简化计算;对于轻质土+包边土型路堤,由图 6.3-6a)可以看出,在没有浇筑包边土时,随着泡沫轻质土填筑高度的增加,坡脚有压应力逐渐转为拉应力的趋势,在距坡脚一定范围内形成了一个反弯点,随着包边土的施工,在坡脚范围内形成了一个向下的压力,坡脚处的应力又由拉应力由逐渐成为向下的压力。由此可见,包边土的施工对增强轻质土路堤稳定性有一定的帮助。

6.3.4 不同换填高度下泡沫轻质土路基应力位移响应

为能与现场实际情况相结合并同时减少数值模拟计算时长,本节以控制路面高程不变、地基纵横向划分尺寸不变,对边坡坡率为 1:1.5 的梯形泡沫轻质土路堤,分别换填高度为 3m、6m 的泡沫轻质土,对换填不同高度下的路基应力位移响应进行分析。

1)不同换填高度对路基基底沉降的影响

随着泡沫轻质土换填高度的增加,泡沫轻质土路基断面形式也逐渐发生改变,这势必会导致泡沫轻质土路基下软基的附加应力分配比例有所变化,导致基底沉降分布不同,计算结果如图 6.3-7 所示。

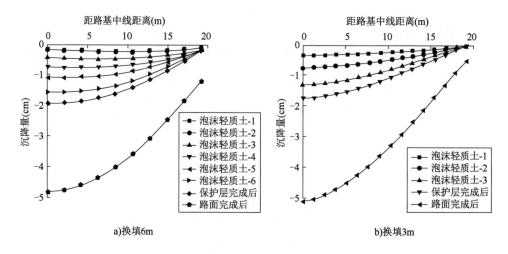

图 6.3-7　不同换填高度下路基基底沉降变化

由图 6.3-7 可以看出,在施工过程中,换填高度为 6m 泡沫轻质土路基位移沉降量要小于换填高度为 3m 轻质土路堤,从这一点又一次证明了采用泡沫轻质土换填路基的优越性。由图 6.3-7 还可以发现,路面铺筑完成后,换填 6m 和换填 3m 的泡沫轻质土路堤大部分测点的位移沉降量基本接近一致。这与现场监测结果较为接近,现场实测路面施工完成后两者路基中线沉降差为 8mm。从经济角度考虑出发,同等地质情况下泡沫轻质土的换填高度取 3m 较为经济。

2）不同换填高度对路基基底应力的影响

换填 6m 高度下泡沫轻质土基底应力计算结果如图 6.3-8 所示。

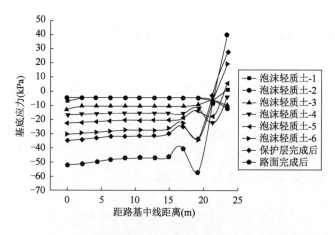

图 6.3-8　换填 6m 高度下的路基基底应力分布曲线

由图 6.3-8 可以看出,对于纯泡沫轻质土下的梯形泡沫轻质土路堤,随着路堤填筑高度的增加,上覆混凝土保护层和路面结构层的施工,在路堤坡脚出现明显的拉应力,且随着填筑高度增加,有逐渐向路堤内部延伸的趋势,填筑高度越高,路堤破坏越明显。由此可见,此种结构形式的路堤并不可取,在实际工作中应予避免。

6.4 厚垫层现浇泡沫轻质土路基施工工艺

自 2002 年以来国内引进现浇泡沫轻质土换填技术后,由于泡沫轻质土具有密度小、直立性好、流动性高、耐久性好、施工便捷以及隔热保温等一系列优点,已被广泛应用于紧急抢险、减载换填、桥背回填、软基处理等实体工程,施工质量良好,并取得较好的经济、社会、环境效果。但我国现浇泡沫轻质土换填技术相较于国外起步较晚,其现场施工工艺及质量控制不完善,主要表现在以下几个方面:

(1)施工作业队伍管理制度不严,施工工艺流程没有严格执行,如现浇泡沫轻质土填筑过程中,没有按单次最高浇筑厚度、分层检测施工,排水措施没有做好,垫层压实度没有达到要求等;

(2)现浇泡沫轻质土原材料质量没有严格把好关,水泥和泡沫剂应保存良好,避免溅水和暴晒;

(3)现场施工设备不齐全,施工设备数量不足;

(4)现场施工过程中,社会车辆驶入,造成现浇泡沫轻质土成型养生不到位,应封闭现场施工作业面,泡沫轻质土养生期间应禁止非施工车辆通行。

综上所述,现场施工的各个环节应严格控制和执行,加强现场施工作业的检测与监督,否则会使现浇泡沫轻质土换填普通填土后的施工效果大打折扣,增加施工成本以及后期的养生维修费。

鉴于此,为了规范和完善现浇泡沫轻质土路基施工工艺及质量控制,更好地指导广佛江快速通道江门段软土地基处理工程的施工,在上述研究成果的基础上,通过课题组自主研发的一种适用于深厚软土地基的厚垫层泡沫轻质土路基结构,总结形成了一种适用于深厚软土地基的厚垫层现浇泡沫轻质土路基施工工艺,并在广佛江快速通道江门段一标段软土地基处理中得到了成功应用,顺利完成了深厚软土地基厚垫层现浇泡沫轻质土路基施工,有效地解决了施工技术难题。

6.4.1 施工工艺原理

由于公路路基梯形的断面结构,软土地基沉降呈现中间大两侧小的沉降盆形式,因此横断面上的差异沉降是必然存在的。泡沫轻质土作为一种新型填土材料,具有密度小、直立性好、流动性好、耐久性好等多种特性,其浇筑的路基属于整体性结构,地基沉降通过该种路基结构向上传递到路面结构之后,横向沉降的差异势必减小,加之泡沫轻质土路基作用下地基荷载大大减小,所以泡沫轻质土路基既可减小总沉降、工后沉降和差异沉降,又能提高路基和构造物的稳定性,能较好地解决深厚软基高填路基存在的沉降过大、稳定不足等问题。

在泡沫轻质土路基填筑过程中,通过采用厚垫层和分块施工方法,相比一般泡沫轻质土路基施工工法,可以使"路基+垫层"底部表现出较低的刚度和较小的弯矩,减小架桥作用,增加垫层吸收不均匀沉降的能力,提高泡沫轻质土路基抗变形能力,提高泡沫轻质土的耐久性,降低了工程造价及维修费用。

经研究发现,采用"泡沫轻质土+0.5m厚垫层"能吸收60%的地基不均匀沉降,而采用"泡沫轻质土+1m厚垫层"可以吸收80%的地基不均匀沉降。因此,对于35m宽的泡沫轻质土路堤,无论从泡沫轻质土底部拉应力和顶部不均匀沉降方面,经验中的0.5m厚垫层偏薄,采用1m厚的垫层能使泡沫轻质土路基在软土地基上拥有更好的抗变形性能。此外,由于泡沫轻质土是一种水泥类材料,大体积浇筑泡沫轻质土时会产生温度裂缝现象和消泡现象,为避免温度裂缝的产生和尽可能减少泡沫轻质土的消泡现象,宜采取分层分块浇筑现浇泡沫轻质土。泡沫轻质土的每层浇筑厚度宜控制在 $0.3 \sim 0.8m$ 之间,上下相邻两层浇注层的浇注间隔时间不宜小于8h,重度才能得以保证。

6.4.2 施工工艺特点与流程

基于深厚软土地基厚垫层泡沫轻质土路基施工思路,课题组总结形成了厚垫层现浇泡沫轻质土路基施工工艺特点,主要包括以下几点:

(1)施工便捷:泡沫轻质土作为一种新型路基材料,具有浇筑施工所占空间极小、重度小、硬化后自立性强、施工速度快、无须机械碾压或振捣等优势。

(2)稳定性好:厚垫层可以使"路基+垫层"底部表现出较低的刚度,减小架桥作用,增加垫层吸收不均匀沉降的能力,对泡沫轻质土路基更加有利。

(3)施工质量高:分层分块施工可以有效减少泡沫的消散,提高泡沫轻质土施工质量。

泡沫轻质土路基的现场施工工艺流程主要步骤为:基层清理→架立模板→浇水湿润→泡沫轻质土浇筑→包边土施工→轻质土顶部混凝土保护板施工→养生→检验和成品保护。其中,包边土施工与泡沫轻质土浇筑可交替进行施工。

现场泡沫轻质土生产流程如图6.4-1所示。

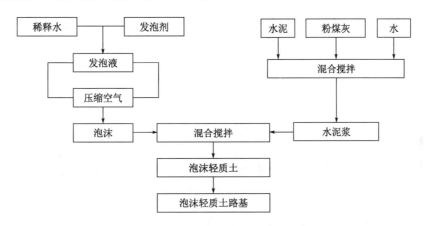

图 6.4-1　现场泡沫轻质土生产流程

6.4.3　施工准备

深厚软土地基厚垫层现浇泡沫轻质土路基施工准备主要包括以下几个方面:

(1)下承层准备。

课题组研究成果表明,在没有垫层的情况下,泡沫轻质土路基底部将有明显的架桥作用,对泡沫轻质土路基受力不利,增大垫层厚度可以使"路基+垫层"底部表现出较低的刚度,达到减小架桥作用的目的。

垫层施工完成后,应铺设防水土工布,防渗土工布为机织土工布,渗透系数小于 10^{-10} cm/s。现场应设置横向地下排水渗沟,外侧再设一层渗水土工布,以排出泡沫轻质土周边土渗入的水,并由设在底部的碎石渗沟排出,渗沟的水由PVC管排出。

(2)现场试验验证。

在进行现浇泡沫轻质土路基施工前,应按照设计要求对泡沫轻质土生产配合比进行现场试验验证,主要测定现浇泡沫轻质土的无侧限抗压强度、重度和流值等性能指标,看是否能达到设计规范要求。

试配试验时,首先应对原材料进行抽样复检,不得使用不合格的材料。其次,应对轻质土重度、流值和消泡等进行试验检测,并认真填写检测记录表。当试验满足要求时,应制取试件并进行养生;当试验结果无法满足要求时,应重新进行试配试验。

(3)施工参数确定及架立模板。

施工前应结合自身设备生产能力、施工缝布置间距、路基宽度及高度等,确定泡沫轻质土浇筑区域面积、单次浇筑高度等。浇筑面积和单次浇筑高度确定后,组织搭设临时模板(可采用建筑用木模板(壳子板)),依次铺设底层防渗土工膜及基底和路床底部钢丝网。铺设金属网及安装模板时,应尽量避免使用锚固木桩及锚固钉,当发现土工膜有破损时,可以用硅酸钠对土工膜进行修补或进行更换,为浇筑施工做好相关规划。

(4)施工工作面清理。

浇筑泡沫轻质土前,应清扫浇筑区内杂物,尤其要注意应及时清扫基底的积水、杂物等,当在地下水位以下浇筑时,应有降水、防水措施,不得在浇筑区域内壁或基底有积水的状态下浇筑施工。

(5)生产设备要求。

现场泡沫轻质土生产设备应具备原材料自动计量功能,其计量偏差应符合表6.4-1的规定。图6.4-2所示为泡沫轻质土生产设备控制中心。

泡沫轻质土生产设备材料计量偏差　　　　表6.4-1

项目	计量偏差(%)	项目	计量偏差(%)
水泥、掺和料	±2	水、外加剂	±2
细集料	±3	泡沫剂	±2

图6.4-2　泡沫轻质土生产设备控制中心

6.4.4　施工要点

1）泡沫轻质土路基垫层施工

现浇泡沫轻质土路基垫层施工要点主要包括以下几个方面：

(1) 同一水平层的路基垫层全宽必须采用同种填料，对于不同填料，可分层、分段进行填筑压实，不得混合填筑。每种填料的压实厚度不宜小于600mm，填至垫路基最后一层时，压实厚度不宜小于150mm。

(2) 每种填料的松铺厚度需事先通过现场试验进行确定。

(3) 垫层填筑层压实后的宽度宜宽于设计宽度0.5~1.0m。

(4) 对于原地面纵坡较大（大于10%或横坡坡率陡于1:5）时，应开挖台阶，设置坡度不小于3%、坡向向内、宽度不小于2m的台阶。

(5) 压实机械对土进行碾压时，一般以慢速效果最好，压实速度以2~4km/h最为适宜。压实一般由低向高进行碾压，两行之间的接头一般应重叠1/4~1/3轮迹。

2）泡沫轻质土路基施工

(1) 输送方式。

搅拌完成后的泡沫轻质土可采用泵送管或直接泵送的方式进行输送泡沫轻质土混合料。

泡沫轻质土混合料不应使用预拌混凝土运输车和自卸汽车进行输送，这主要是考虑到若采用预拌混凝土运输车和自卸汽车进行输送，泡沫轻质土中的气泡会由于振动导致泡沫消解程度的增加，导致泡轻质土材料配合比发生改变，轻质土重度、流动性、强度等也恐难达到预期的效果。因此，最好使用泵送管对现浇泡沫轻质土进行输送，如图6.4-3所示。

(2) 输送距离。

就泡沫轻质土现阶段的材料配合比而言，为保证泡沫轻质土的施工稳定性，确保混合料不发生离析，泡沫轻质土重度、流动性、强度等能够达到预期要求允许的单级配管泵送最大单级输送距离为500m。如果输送距离超过500m，可在施工过程设置中转泵送装置或把泡沫轻质土放置到最后一级泵中进行输送。

图 6.4-3　泡沫轻质土现场泵送

(3) 分层分块。

为避免浇筑过程中底部轻质土重度增加，预防大体积泡沫轻质土进行浇筑时产生的温缩裂缝等现象，在浇筑泡沫轻质土施工过程中，必须采用分层分块浇筑的方式，并且上下层进行浇筑时，应掌握好两层轻质土浇筑时间间隔。应在下层泡沫轻质土终凝后进行上层泡沫轻质土浇筑施工，不因盲目追求施工进度而上下两层同时进行浇筑。进行泡沫混凝土分层分块时，应注意避免断面过于扁长，进而使得路堤的刚度因尺寸效应而减小，导致不均匀沉降累积发生。

①分层浇筑。

泡沫轻质土在固化前由于自身重力对土体内气泡具有压缩作用，会出现不同程度的消泡现象，且气泡的压缩和消解随着泡沫轻质土单次浇筑高度的增加而增加。这一现象会造成底部的泡沫轻质土重度略大于上部重度，且单次浇筑层厚度越大，二者的差值越明显。底层泡沫轻质土的密度越小(气泡含有率越高)，底部泡沫轻质土重度的增加幅度越大。因此，在利用泡沫轻质土作为减载材料时，为保证其密度的轻质性，应合理控制泡沫轻质土单次浇筑高度。一般以单次浇筑层高度不超过 1m 为宜。但同时为了减少施工工序及由于施工过程中造成断面尺寸效应，单次浇筑层高度一般不宜小于 0.3m。泡沫轻质土相邻层的浇筑时间间隔以不少于 8h 为宜。

②分块浇筑。

鉴于泡沫轻质土属于水泥类材料，进行大体积浇筑时势必会产生一定的温度裂缝现象，为减少裂缝数量，防止泡沫轻质土出现断裂，在泡沫轻质土路基进行施工需进行分块浇筑，各块体之间可用木模板等支挡结构进行划分，模板与泡沫轻质土之间需用泡沫塑料板进行填充，并且每块体的最大浇筑面积应根据自身设备产量、浇筑厚度和水泥初凝时间等确定,保证泡沫轻质土在水泥初凝前浇筑完成。同时,为了减少施工工序,减小由于施工过程中造成断面尺寸效应,在进行泡沫轻质土现场施工段划分时一般应符合下列规定:

a. 单块填筑区填筑面积最大不得超过 $400m^2$;

b. 单块填筑区长轴方向长度以 15～20m 为限。

图 6.4-4 所示为施工现场分层分块浇筑泡沫轻质土。

图 6.4-4　施工现场分层分块浇筑泡沫轻质土

③保护壁或模板。

由于泡沫轻质土具有良好的流动性,为保证泡沫轻质土路基成型,需采用泡沫塑料板、钢(木)模板结合的方式防止未固化的泡沫轻质土溢出。泡沫塑料板不仅可以作为很好的支挡模板,而且可作为轻质土变形缝间的填充对减小泡沫轻质土内部应力有很好的效果,一般不允许不得抽掉。

钢(木)模板与地基之间缝隙要求密实、不漏浆。此外,为了防止模板出现偏移及上浮现象,可采用纵、横肋柱进行加固防护,纵、横肋柱之间的连接应牢靠可靠。总之,为了工程能够达到预期效果值,必须确保保护壁或模板有足够的强度及稳定性,保证施工过程中不漏浆或者少漏浆。

图 6.4-5 所示为现场模板施工。

图 6.4-5　现场模板施工

(4)浇筑方法。

泡沫轻质土路基施工过程中,其浇筑方法至关重要,只有运用正确的浇筑方法才能保证取得良好的工程效果,其浇筑需要注意以下几点:

①搅拌完成后的气泡混合轻质土一般采用泵送。

②在确保材料不离析、气泡稳定的前提下,一级泵送的最大距离为500m。如果输送距离超过上述范围,应设置中继泵送装置或把气泡的混合物泵送至管的出口附近。

③为确保气泡混合轻质土中气泡独立而均匀分布,要把气泡的消泡及材料的离析控制到最低程度。施工过程中应避免过度振动,浇筑过程应从软管的前端直接浇筑,且出料口要埋入气泡混合轻质土中或尽量靠近气泡混合轻质土的表面。在移动浇筑管、自出料口取样、扫平表面或需要冲散浇筑区内多余的泡沫时,出料口离当前泡沫轻质土流动表面的高差宜控制在1m以内。

④应沿浇筑区长轴方向自一端向另一端浇筑,如采用一条以上浇筑管浇筑,则可并排地从一端开始浇筑,或采用对角的浇筑方式。如浇筑层底高程有明显差异,宜自较低位置开始浇筑。

⑤单个浇筑区浇筑层的浇筑施工时间应控制在水泥浆的终凝时间内,上下相邻两层浇筑层的浇筑时间不宜少于8h。单层浇筑厚度宜按0.3~1m控制。

⑥单个浇筑层宜一次性浇筑完毕,必要时最多分两次浇筑,且两次浇筑的时间间隔应控制在6~24h之间。

⑦气泡混合轻质土应注意纵向上按15m间距设置变形缝,缝宽为1cm,采用泡沫塑料板填塞。

⑧气泡混合轻质土底部向上、顶部向下50cm处,应设置$\phi 3.0mm@5cm \times 5cm$规格镀锌铁丝网。

图6.4-6所示为泡沫轻质土现场浇筑。

图 6.4-6　泡沫轻质土现场浇筑

（5）纵横坡调整。

实际施工中，因路基存在 2% 横坡及 1% 纵坡，由于泡沫轻质土流动性较大，故恐无法按照路基设计坡度要求进行施工。因此，顶层轻质土层采用分块浇筑台阶的方式进行施工。将顶层区域划分为多个横向纵向为 2.5m×5m 的方格块，根据坡度计算出每个方格块需浇筑的高程，先浇筑灰色区域方格块，待轻质土具有强度后，再拆模浇筑白色方格块，最终在纵横向都形成台阶状。图 6.4-7 为棋盘浇筑示意图。

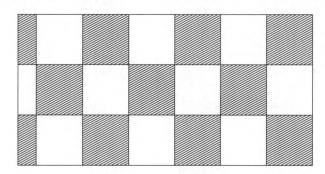

图 6.4-7　棋盘浇筑示意图

（6）调平层设置。

在泡沫轻质土固结硬化后，若车辆荷载或机械荷载直接作用在泡沫轻质土顶面，过大的压力势必会损坏泡沫轻质土表面。因此，在泡沫轻质土路基施工完成后通常采用 C25 现浇混凝土作为泡沫轻质土路基的调平层时兼作保护层，混凝土最小厚度 10cm。混凝土需要布设钢筋网。为与后续施工的路面有很好的黏结，调平层表面宜进行拉毛处理。

（7）养生。

泡沫轻质土进行施工时，虽然不强调每浇筑一层都采取特别的保护措施，但对路床部位的泡沫轻质土，为了避免出现由于急速干缩而产生裂缝，在浇筑完成后应覆盖塑料薄膜或无纺土工布进行不少于7d的保湿养生;泡沫轻质土的养生也可采取洒水养生、薄膜覆盖养生、土工布覆盖养生等方式,宜结合工程实际情况选择适宜的方式。

气温较低时应注意填筑体的保温,防止冻伤。此外,若施工中突遇降水,对未固结硬化的泡沫轻质土表面应立即采取必要的遮雨措施,防止由于雨水进入造成轻质土气泡的消泡及配合比的改变;对无法及时进行遮蔽的泡沫轻质土,应将浸泡过的部分进行铲除清理,以免影响工程整体质量。泡沫轻质土养生期间应禁止非施工车辆通行。图6.4-8所示为泡沫轻质土现场养生。

图6.4-8 泡沫轻质土现场养生

(8)边坡设置。

泡沫轻质土路堤边坡采用1m×1.5m台阶形式,待轻质土全部浇筑完毕后,边坡填筑1m厚包边土并夯实,包边土与路基填料一致。

6.4.5 施工质量控制

1)施工前原材料检验

(1)采用42.5级水泥。

(2)严禁采用结块、变质、失效的水泥。

(3)现浇泡沫轻质土主要原材料进场必须出具出厂合格证,并按规范对其安定性、凝结时间、抗压、抗折强度做进场检验。

(4)现浇泡沫轻质土路基所使用的土工织物、复合土工布应符合国家相关规范的要求,进场应出具出厂合格证,但可不做进场检验。

(5)泡沫轻质土中的拌和水中一般主要为饮用水或其他不影响泡沫稳定性、泡沫轻质土强度和耐久性的城市用水。

（6）现浇泡沫轻质土施工基本性能要求应符合表6.4-2中的要求。

现浇泡沫轻质土施工基本性能要求　　　　　表6.4-2

离路面结构层底面距离	流值（mm）	施工湿重度（kN/m³）	无侧限抗压强度（MPa）
0~1.2m以下	170~190	6.5~7.5	≥1.0
1.2m以下	170~190	5.5~6.5	≥0.6

2）施工过程质量控制

施工过程质量控制指标及检测频率见表6.4-3，现浇泡沫轻质土施工基本性能测定如图6.4-9、图6.4-10所示。

施工过程质量控制指标　　　　　表6.4-3

控制指标	允许误差	检测频率
湿重度	±2kN/m³	每一区段每一浇筑层自检2次，抽检1次
流值	±5mm	每一区段每一浇筑层自检2次，抽检1次

图6.4-9　施工现场流值检验

图6.4-10　施工现场重度检验

现浇泡沫轻质土固化后的试验测试指标为无侧限抗压强度，如图6.4-11所示，测定无侧限抗压强度需注意以下几点要求：

（1）泡沫轻质土路基以每浇筑1000m³为单位抽取一组（3个试块）抗压强度试件，试块可使用塑料薄膜进行密封，并置于20~25℃条件下进行养生，28d后检测其无侧限抗压强度。

（2）抗压强度检测试件应在搅拌点、现场浇筑出料口分别抽取试件，取样时应分别测量并记录试件重度，当测量结果出入较大时以施工现场出料口为准。

施工现场无侧限抗压强度试块如图6.4-11所示。

图 6.4-11 施工现场无侧限抗压强度试块

6.4.6 施工质量评定等级划分

现浇泡沫轻质土路基工程质量评定等级分为合格与不合格,验收应在质量评定合格的基础上进行。质量评定等级应按质量评分值划分,评分值满分为100分。质量评分项目包括实测项目、外观质量和质量保证资料,评分值按下式计算:

$$工程质量评分 = \frac{实测得分值 \times 权值}{实测项目权值} - 外观缺陷减分 - 资料不全减分 \quad (6.4\text{-}1)$$

现浇泡沫轻质土路基工程质量评定实测项目、频率和权值明细见表6.4-4,其注意事项包括以下几个方面:

(1)泡沫轻质土的外观要求表面平整、边界线形平顺(评定有缺陷减1~2分);填筑体要求表面平整、边界线形平顺(评定有缺陷减1~2分)。

(2)质量保证资料包括相关材料出厂合格证和进场复检报告、施工过程控制指标、其他必要的文件和记录,当上述质量保证资料不全时,质量评定减1~3分。

(3)现浇泡沫轻质土工程质量评定时,有下列情况之一视为工程质量不合格:抗压强度合格率低于90%;湿重度合格率低于90%;工程质量评分值低于75分。

(4)对于工程质量不合格的,监理单位应责成施工单位进行必要返工、加固或其他方式的工程维修,并重新进行质量评定与验收。

现浇泡沫轻质土路基工程质量评定明细表　　　表6.4-4

序号	检查项目	检查办法/频率	权值
1	湿重度	查施工记录,100%检查	3
2	流值	查施工记录,100%检查	1

续上表

序号	检查项目	检查办法/频率	权值
3	抗压强度	查抗压强度试验记录表,100%检查	3
4	顶面高程*	—	2
5	平面位置*	—	2
6	平面尺寸*	—	2

注:带*号项目在空洞及狭小空间充填工程中不予检查。

参考文献

[1] 浙江省质量技术监督局.公路工程泡沫混凝土应用技术规范:DB33/T 996—2015[S].北京:人民交通出版社股份有限公司,2015.

[2] 天津市市政公路管理局.现浇泡沫轻质土路基设计施工技术规程:TJG F10 01—2011[S].天津,2011.

[3] 丰福俊泰,三鸠信雄,田中久士.研究気泡混合軽量土の品質管理法に関する[J].土木学会論文集,2000,48(9):141-152.

[4] 横田盛哉,三鸠信雄.気泡モルタル工法——気泡混合軽量土工法[J].土木技術,1998,51(5):73-81.

[5] 陈忠平.气泡混合轻质填土新技术[M].北京:人民交通出版社,2004.

[6] 陈忠平,王树林.气泡混合轻质土及其应用综述[J].中外公路,2003(5):117-120.

[7] 牛昂懿.泡沫轻质土用于软基上高速公路扩建工程的受力与变形特征分析[D].天津:河北工业大学,2014.

[8] 关博.现浇泡沫轻质土应用在铁路路基的室内动力模型试验研究[D].广州:广州大学,2015.

[9] 林乐彬.气泡混合轻质土在冻土地区路基病害防治中的研究[D].长春:吉林大学,2009.

[10] 肖礼经.泡沫水泥轻质土在公路建设中的应用和研究[D].长沙:湖南大学,2003.

[11] 张连成.气泡混合轻质土在隧道塌方处治中的应用[J].公路,2007(7):191-195.

[12] 潘健,刘杰伟,陈红兵,等.鲘门隧道病害治理中的轻质土浇筑技术[J].华南理工大学学报(自然科学版),2008,36(1):122-126.

[13] 黄月华.气泡混合轻质土在地铁隧道减荷中的应用[J].广东交通职业技术学院学报,2008(1):52-54.

[14] 李苏醒.气泡混合轻质土抗冲击试验与应用在机场中的有限元分析[D].南京:南京航空航天大学,2011.

[15] 蔡娜.超轻泡沫混凝土保温材料的试验研究[D].重庆:重庆大学,2009.

[16] 肖礼经.气泡混合轻质填土技术在解决高等级公路软基路堤桥头跳车问题中的应用[J].中外公路,2003,23(5):121-123.

[17] 刘全生,闫利峰,陈忠平,等.采用泡沫轻质土处治桥头跳车技术研究[J].天津建筑科技,2012(4):58-59.

[18] 吕锡岭.泡沫混凝土拓宽路基的差异沉降研究[J].水文地质工程地质,2012,39(3):75-80.

[19] 张子达.气泡混合轻质填土技术在道路加宽工程中的应用[J].交通科技,2013(2):88-91.

[20] 姜云晖.泡沫轻质土在加固深厚软土地基中的应用研究[D].成都:西南交通大学,2016.

[21] 孙志斌.气泡混合轻质土在高速公路软基处理中的应用探讨[J].现代公路,2011,3(4):94-96.

[22] 王新岐.软土地区泡沫轻质土处理桥头路基试验研究[J].城市道桥与防洪,2012,10(10):27-29.

[23] 边疆.浅谈泡沫轻质土技术在滨海地区道路软土地基处理中的应用[J].城市道桥与防洪,2013,6(6):48-50.

[24] 刘峰.浅谈泡沫轻质土在桥头软基处理的运用[J].科技风,2010(9):150-151.

[25] 林乐彬,刘寒冰,韩硕,等.气泡混合轻质土在道路冻土地基保护中的试验研究[J].公路交通科技,2009,26(6):55-58.

[26] 周宏楚.气泡混合轻质土用于冻土地基隔热保温的应用技术研究[D].长沙:中南大学,2008.

[27] 山田純男,長坂勇二,西田登,等.発泡スチロール片と砂とを混合した軽量土[J].土と基礎,1989,37(2):25-30.

[28] 三島信雄,長尾和之.気泡セメント盛土工法(FCB工法)の研究[J].土木学会論文集,1994(1):18-21.

[29] 矢島寿一,丸尾茂樹,小川正二.飽和軽量土のせん断特性への気泡混入率の影響[J].土木学会論文集,1995(3):173-180.

[30] 瓦川善三,谷井敬春,横田聖哉.石灰処理土を用いたソイルモルタル盛土工法[J].土木技術,2000,55(7):81-88.

[31] P. K. Moore. Hurricane Resistant Foam-concrete structural copmposite:US,US6185891[P].2007.

[32] JONES M R,McCarthy. Utilising Unprocessed Low-lime Coal Fly Ash in Foamed Concrete[J]. Fuel,2005,84(11):1398-1409.

[33] HILAL A A,THOM N H,DAWSON A R. The Use of Additives to Enhance Properties of Pre-Foamed Foamed Concrete[J]. 2015,7(4):286-293.

[34] TIKALSKY P J,POSPISIL P,MACDONALD W. A Methed for Assessment of the Freeze-thaw Resistance of Preformed Foam Cellular Concrete[J]. Cement and Concrete Research,2004,34(5):889-893.

[35] MURUGESAN S,RAJAGOPAL K. Performance of Encased Stone Columns and Design Guidelnes for Construction on Soft Clay Soils[C]//Proceedings of the 4th Asion Regional Conference on Geosynthetics,Shanghai,China:2008,729-734.

[36] 陈忠平,谢学钦.气泡混合轻质土的主要特性及其应用[A].2004年道路工程学术交流论文集,2004.

[37] 陈忠平,孙仲均,钱争晖.泡沫轻质土充填技术及应用[J].施工技术,2011,40(10):74-76.

[38] 蔡力,陈忠平,吴立坚.气泡混合轻质土的主要力学特性及应用综述[J].公路交通科技,2005(12):71-74.

[39] 张小平,包承纲,李进军.泡沫轻质材料在岩土工程中的运用[J].岩土工程技术,2000(1):58-62.

[40] 张小平.柔性混凝土和岩土轻质材料特性与工程应用的研究[D].南京:河海大学,2005.

[41] 顾欢达,顾熙,申燕,等.发泡颗粒轻质土材料的基本性质[J].苏州科技学院学报(工程技术版),2003,16(4):44-48.

[42] 顾欢达,顾熙.影响气泡轻质土工材料施工稳定性的因素及其试验研究[J].岩土工程技术,2003(1):24-27.

[43] 朱红英.泡沫混凝土配合比设计及性能研究[D].咸阳:西北农林科技大学,2013.

[44] 乔欢欢,卢忠远,严云,等.掺合料粉体种类对泡沫混凝土性能的影响[J].中国粉体技术,2008,14(6):38-41.

[45] 周志敏.高强度泡沫混凝土的研究[D].长沙:湖南大学,2011.

[46] 王滁非.水泥泡沫混凝土的改性研究[D].淮南:安徽理工大学,2016.

[47] 陈婷婷.纤维增强泡沫轻质混凝土基床表层结构的力学性能分析[D].成都:西南交通大学,2017.

[48] 刘楷.水泥、地聚合物气泡混合轻质土工程特性试验研究[D].南京:东南大学,2015.

[49] 何国杰,丁振洲,郑颖人.气泡混合轻质土的研制及其性能[J].地下空间与工程学报,2009(1):18-22.

[50] 张磊蕾.泡沫混凝土的组成与性能、微结构的研究[D].北京:中国建筑材料科学研究总院,2011.

[51] 中国国家标准化管理委员会.通用硅酸盐水泥:GB 175—2007[S].北京:中国标准出版社,2007.

[52] 郑念念,何真,孙海燕,等.大掺量粉煤灰泡沫混凝土的性能研究[J].武汉理工大学学报,2009,31(7):96-99.

[53] 全国水泥标准化技术委员会.用于水泥和混凝土中的粉煤灰:GB/T 1596—2017[S].北京:中国标准出版社,2017.

[54] 张巨松,王才智,黄灵玺,等.泡沫混凝土[M].沈阳:哈尔滨工业大学出版社,2015.

[55] 中华人民共和国交通运输部.公路路基设计规范:JTG D30—2015[S].北京:人民交通出版社股份有限公司,2015.

[56] 全国水泥制品标准化技术委员会.蒸压加气混凝土性能试验方法:GB/T 11969—2008[S].北京:中国标准出版社,2020.

[57] 中华人民共和国交通运输部.公路工程水泥及水泥混凝土试验规程:JTG E30—2005[S].北京:人民交通出版社,2005.

[58] 中华人民共和国交通运输部.公路土工试验规程:JTG 3430—2020[S].北京:人民交通出版社股份有限公司,2020.

[59] 丁彪.考虑加载历史的沥青混合料疲劳损伤性能研究[D].西安:长安大学,2015.

[60] 沈鹏.水泥稳定类基层材料疲劳性能研究[D].西安:长安大学,2009.

[61] 李闯.不同影响因素下沥青混合料疲劳性能试验研究[D].大连:大连理工大学,2011.

[62] 杨志刚.层布式混杂纤维混凝土抗折疲劳性能试验研究[D].武汉:武汉理工大学,2003.

[63] 胡艳.沥青混合料疲劳性能室内试验研究[D].重庆:重庆交通大学,2012.

[64] 张伟.混凝土疲劳特性研究[D].天津:河北工业大学,2006.

[65] 邹尤.混杂纤维混凝土弯曲疲劳特性研究[D].武汉:武汉理工大学,2010.

[66] 中华人民共和国行业标准.公路工程沥青及沥青混合料试验规程:JTG E20—2011[S].北京:人民交通出版社,2011.

[67] 刘峰,李宇峙,黄云涌.沥青混合料疲劳试验中两种控制模式的选择分析[J].中外公路,2005,19(4):70-72.

[68] 肖建清,陈枫,徐根.加载频率与加载波形对混凝土抗拉强度的影响[J].土工基础,2005,25(4):192-194.

[69] 中华人民共和国行业标准.公路工程技术标准:JTG B01—2014[S].北京:人民交通出版社,2014.

[70] 解放.典型构件疲劳性能S-N曲线的获取及应用[J].机械设计,2015,32(4):71-73.

[71] 吴睿锋.国内外规范中S-N曲线对比分析[J].船舶工程,2017(1):55-58.

[72] 张亚军.S-N疲劳曲线的数学表达式处理方法探究[J].理化检验(物理分册),2007,11(8):563-565.

[73] 顾梦元.威布尔分布与正态分布两种条件概率密度曲面比较研究[D].北京:北京工业大学,2014.

[74] 凌丹,何俐萍,许焕卫.基于威布尔分布的疲劳剩余寿命可靠性预测方法[J].机械设计,2011,28(7):50-53.

[75] 杨科文,罗许国.活性粉末混凝土抗折疲劳寿命的对数正态分布研究[J].湖南工程学院学报,2015,25(3):91-94.

[76] 邓学俊.路基路面工程[M].北京:人民交通出版社,2012.

[77] 廉慧珍.建筑材料物相研究基础[M].北京:清华大学出版社,1996.

[78] 肖力光,张士停,刘刚.泡沫混凝土泡孔微观结构的研究[J].吉林建筑工程学院学报,2013,30(3):1-4.

[79] 周虎鑫.高等级公路工后不均匀沉降指标研究[J].东南大学学报,1996,26(1):54-56.

[80] 张嘉凡,张慧梅.软土地基路基不均匀沉降引起路面结构附加应力[J].长安大学学报(自然科学版),2003(3):21-25.

[81] 邓卫东,张兴强,陈波,等.路基不均匀沉降对沥青路面受力变形影响的有限元分析[J].中国公路

学报,2004(1):16-19.

[82] 黄永强,李海波,马兴峰,等.路基不均匀沉降对沥青混凝土路面结构影响数值分析[J].公路工程,2012(5):34-40.

[83] 弋晓明,王松根,宋修广,等.路基容许不均匀沉降控制指标的理论分析[J].山东大学学报(工学版),2013,43(5):68-73.

[84] 廖公云,黄晓明,杨庆刚.不同路面结构对软基不均匀沉降的适应性研究[J].公路交通科技,2007,24(4):34-38,46.

[85] 王奎华,马少俊,吴文兵,等.挡土墙后双层黏性土的主动土压力计算[J].浙江大学学报(工学版),2011(7):1288-1293.

[86] 胡晓军.黏性成层填土的主动土压力[J].哈尔滨工业大学学报,2009(4):185-188.

[87] 周海林,冷伍明.挡土墙墙背分层填土的土压力计算分析与改进[J].路基工程,2000(1):8-11.

[88] 郑林达.层状填土主动土压力计算方法的改进[J].宁波大学学报(理工版),2009,22(2):281-284.

[89] 杨雪强.分层填土作用在挡土墙上的主动土压力[J].湖北工业大学学报,2001,16(1):59-61.

[90] 蒋希雁,宋思忠.层状填土的主动土压力的理论研究与计算分析[J].建筑科学,2006,22(6):7-10.

[91] 邱佳荣.考虑墙后成层填土的主动土压力研究[D].南京:南京大学,2014.

[92] 张孝彬,乐金朝,马清文.分层有限填土路基挡土墙主动土压力计算[J].中外公路,2014,34(6):16-20.

[93] 魏元友.扶壁式及L式挡土墙的模型土压力试验[J].岩土力学,1994(1):20-27.

[94] 魏元友,费民康.扶壁式及L形墙模型土压力试验研究[J].水运工程,1986(11):13-18.

[95] 邹育,谷任国,陈思煌,等.扶壁式挡土墙的选型与模型试验分析[J].施工技术,2016(S1):163-165.

[96] 周健,李翠娜,黄金,等.扶壁式加筋复合挡土墙变形规律和受力机理[J].同济大学学报(自然科学版),2015,43(4):529-535.

[97] 张玉广.基于模型试验的肋板式挡土墙稳定性及破坏模式分析[D].成都:西南交通大学,2016.

[98] 姚阳.基于砂箱模型试验的肋板式挡土墙稳定性及破坏模式研究[D].成都:西南交通大学,2017.

[99] 王多垠,吴友仁,周世良.高大扶壁式挡土墙墙后土压力特性有限元分析[J].中国港湾建设,2006(2):14-17.

[100] 吴帅.基于数值分析不同填充剂下扶壁式挡土墙土压力研究[J].常州工学院学报,2016,29(3):13-17.

[101] 丁燕,高徐军,葛苗苗.扶壁式挡土墙控制工况探讨[J].西北水电,2015(2):37-43.

[102] 严小宝.扶壁式挡土墙结构简化计算方法研究[D].西安:长安大学,2013.

[103] 杨俊杰.相似理论与结构模型试验[M].武汉:武汉工业大学出版社,2005.

[104] 徐挺.相似理论与模型试验[M].北京:农业机械出版社,1982.

[105] 盛斌.泡沫轻质土在高等级公路特殊路段的应用[J].公路与汽运,2014(163):115-118.

[106] 林乐彬.气泡混合轻质土在冻土地区路基病害防治中的研究[D].吉林:吉林大学,2009.

[107] 朱俊杰,刘鑫,洪宝宁,等.气泡混合轻质土路堤最佳浇筑厚度的确定方法[J].岩土力学,2016(12):3642-3649.

[108] 中华人民共和国交通运输部.公路软土地基路堤设计与施工技术细则:JTG/T D31-02—2013[S].北京:人民交通出版社,2013.